Besuchen Sie uns im Internet:

www.steinkopf-verlag.de

Dr. Jörg Müller – Jg. 1943, Pallottinerpater und Psychotherapeut mit eigener Praxis in Freising bei München – ist Autor zahlreicher Steinkopf-Erfolgstitel zur christlichen Lebenshilfe:

Gott heilt auch dich *ISBN 3-7984-0580-8*
Seelische und körperliche Heilung durch lebendigen Glauben

Haben wir noch Bier im Keller? *ISBN 3-7984-0763-0*
30 Aufsätze, die Ihr Leben erträglicher machen

Hätten Sie's gewusst? *ISBN 3-7984-0753-3*
100 Antworten auf Glaubensfragen für eilige Zeitgenossen

Höre, was ich nicht sage *ISBN 3-7984-0732-0*
Die Aufdeckung unserer verschlüsselten Verhaltensweisen

Ich habe dich gerufen *ISBN 3-7984-0720-7*
Meine Erfahrungen mit Gott

Lebensängste und Begegnung mit Gott *ISBN 3-7984-0614-6*

Und heilt alle deine Gebrechen *ISBN 3-7984-0669-3*
Psychotherapie in christlicher Sicht

Verrückt – Ein Christ hat Humor *ISBN 3-7984-0701-0*
16 Kapitel gegen Mutlosigkeit

Was kränkt, macht krank *ISBN 3-7984-0759-2*
Welche Bedeutung haben psychosomatische Erkrankungen?

Zur Unterscheidung der Geister *ISBN 3-7984-0734-7*
Wege zum geistlichen Leben

Jörg Müller

Nein sagen können

Verständnis und Mißverständnis christlicher Demut

J. F. Steinkopf Verlag

»Nein sagen können«
ist die erweiterte Neuausgabe von
»Stell dein Licht auf den Leuchter«.

3. Auflage 2004

ISBN 3-7984-0775-4

Einbandgestaltung: Florian Huber, Thalhausen
Satz: Otto Gutfreund, Darmstadt

INHALT

Es geschieht mehr
Unrecht im Gehorsam
als in Rebellion.

Kaum eine Tugend ist so schwer zu beschreiben und zu erkennen wie die Demut. Wer glaubt, demütig zu sein, ist es schon nicht. Wer glaubt, heilig zu sein, ist es schon nicht. Denn der wahrhaft Demütige hält sich immer noch für zu stolz und zu eitel, und der Heilige fühlt sich als großer Sünder. Zwischen Anspruch und Wirklichkeit klafft eine große Lücke.

Ich erkenne bei mir selber mit Schrecken, wie weit ich von der Demut entfernt bin, suche oft vergeblich nach der klaren Trennlinie zwischen Freude und Stolz, zwischen Unterwürfigkeit und Bescheidenheit, zwischen Selbstverleugnung und Selbstablehnung, zwischen Tugend und ihrer Fehlform. Manchmal, wenn ich mich nach Vorträgen und bei Seminaren müde und erschöpft zurückziehe, nicht ansprechbar bin und dies auch zu verstehen gebe, wird es mir als Unnahbarkeit ausgelegt. Und wenn ich meine Ängste und Unsicherheiten hinter einem Mantel gespielter Lässigkeit verberge, halten mich manche Leute für arrogant und selbstsicher. Das schmerzt. Und wenn mir dann grobe Fehler unterlaufen oder die Presse mich herunterputzt, fühle ich jenen faden Geschmack auf der Zunge, der dem Mißerfolg zu eigen ist. Manchmal aber können Demütigungen helfen, demütig zu werden.

Demut muß täglich geübt werden. Sie ist der Mut, seinen eigenen Schatten anzuschauen und sich gänzlich auf Gott zu stürzen. Es gibt Tage, da kann ich nicht anders, als auf die Barmherzigkeit Gottes zu hoffen angesichts meiner endlosen Schwächen und Defizite. Wenn Demut die Einsicht ist, seine Fehler und Schwächen nicht aus eigener Kraft besiegen zu können, dann sind gewiß viele Menschen ihr nahe. Dann ist es verständlich, daß die Gerechtigkeit der (Selbst-) Gerechten schlimmer ist als die Schuld der Sünder. Es ist wahr: Eine Sünde, an der ich aufwache und zur Besinnung komme, ist besser als eine Tugend, an der ich einschlafe. Schon deshalb läßt Gott die Sünde zu.

Die Demut besteht nicht darin, sich schlechter und kleiner zu machen, als man ist, sondern seinen tatsächlichen Zustand zu erkennen und als Teil der Persönlichkeit anzunehmen. Wer dies nicht tut, läuft Gefahr, sich zu überheben und seine eigenen verdrängten Defizite bei den anderen zu sehen. So ist der Hochmütige dem Selbstbetrug erlegen und muß zwangsläufig in die Sünde stürzen, um seine Nichtigkeit zu erkennen.

Der Demütige sieht auch noch im schuldig gewordenen Menschen etwas Gutes und hat den Mut, ihm zu dienen, d.h. verfügbar zu sein, ihn zu ermutigen. Es gilt das von mir so oft zitierte Wort: Sage den Menschen, wie gut sie sind, welche Gaben sie haben, und sie hören auf, schlecht zu sein. Dennoch ist die Demut zuerst eine religiöse und keine soziale Tugend. Sie läßt den anderen gelten in seiner Eigenart, im Vertrauen darauf, daß Gott ihn liebt und braucht. Denn in jedem Menschen spiegelt sich die Gegenwart Gottes.

Die Wüstenväter kannten die Mittel zur Demut. Wer demütig werden möchte, soll seine Mitmenschen loben, und zwar auch in deren Abwesenheit. Zwei meiner Freunde sind mir in dieser Hinsicht besondere Lehrmeister; sie sparen nicht mit Lob und Anerkennung über andere Personen, weisen selbst dort noch auf Gutes hin, wo es schwerlich zu finden ist, und schaffen dadurch eine versöhnliche Atmosphäre.

Ein anderes Mittel ist die regelmäßige Erforschung seiner wirklichen Motive. Dies führt sehr bald zur Einsicht und Reue. Auch das Schweigen ist eine sehr hilfreiche Übung auf dem Weg zur Demut. Gewiß ist nicht jenes Schweigen gemeint, das als Reaktion auf Beleidigungen als Tugend empfunden wird und oft genug nur narzißtische Kränkung ist. Es darf nicht heißen: »Ich schweige, weil ich im Recht bin«, sondern: »Ich schweige, weil der andere nicht ganz Unrecht hat.«

Die Diskretion ist eine seltene Tugend. Die Sünden anderer verschweigen, die eigenen Fortschritte in der Tugend für gering erachten, die anvertrauten Geheimnisse für sich behalten, das sind Raritäten. Indem ich dies niederschreibe, wird mir schmerzlich klar, welche Übungen noch vor mir liegen. Und auch jetzt wird mir die Gefahr deutlich, die mit einem eifrigen Üben der Demut verbunden ist: die Übertreibung. Wer ihr verfallen ist, verliert viel Energie und wirkt unerlöst. Nichts in ihm blüht auf. Er wird von der Angst getrieben, seinen Verpflichtungen und hohen moralischen Idealen nicht nachkommen zu können. So paßt er sich an, unauffällig und brav, wagt das Leben nicht und will in frommen Leistungen das verdienen, was Gott ihm längst geschenkt hat: Gnade.

Ich lebe von der Hoffnung, durch die Barmherzigkeit Gottes gerettet zu werden, weil ich es allein nicht schaffe. Diese tägliche Ohnmacht würde mich endgültig depressiv machen, wenn ich um diese Gnade nicht wüßte. So tröstet mich immer wieder das Wort Jesu an den reumütigen Verbrecher: »Noch heute bist du bei mir im Paradies!« Für die frommen Leistungs-Christen und Moralisten ist dies ein Ärgernis; für die Schwachen, die am Lebensende nichts vorzuweisen haben, ist dies ein Trost.

Frau B., 41 Jahre alt, verheiratet, zwei Kinder, suchte mich auf, nachdem sie wegen Depressionen und Angstzuständen in verschiedenen Kliniken mit Medikamenten und ohne Erfolg behandelt wurde. Sie machte auf mich einen biederen, braven und bedrückten Eindruck; ihre leise Stimme schien mitteilen zu wollen, daß sie eigentlich gar keine Lebensberechtigung habe.

Ihre Lebensgeschichte war gekennzeichnet von Demütigungen am laufenden Band: Ihr Vater gestattete ihr keinerlei Eigenleben; sie mußte im Namen einer fragwürdigen christlichen Erziehung und im besonderen Hinblick auf das vierte Gebot ihre Bedürfnisse zurückstellen zugunsten elterlicher Wunscherfüllungen. Wenn sie es einmal wagte, ihren Unmut auszudrücken, verwies der Vater auf frühere Zeiten, wo es so etwas nicht gegeben habe, und glaubte allen Ernstes, an seiner einzigen Tochter gerecht zu handeln. Daß hierbei seine eigene unterdrückte Kindheit offenbar wurde, war ihm nicht bewußt, weil er unangenehme Erinnerungen verdrängte. Doch Verdrängtes drängt stets nach oben und schlägt unerbittlich zu. Frau B. lernte also, ihre ureigenen Wünsche zu unterdrücken und diese autoritäre Erziehung derart zu verinnerlichen, daß sie schließlich selber glaubte, was sie so oft zu hören bekam: »Hör auf uns. Wir meinen es nur gut mit dir.« — »Laß das! Das kannst du nicht.« — »Stell dich nicht so an. Du machst deiner Mutter nur Kummer.« — »Jetzt mach', was ich dir sage und widersprich nicht!«

Der bibelkundige Vater, der selbstverständlich seinen Sonntagsgottesdienst besuchte, wußte auch immer wieder auf das von ihm geliebte Bibelzitat im Römerbrief hinzuweisen: »Jedermann ordne sich der obrigkeitlichen Gewalt unter; denn es gibt keine Gewalt, die nicht von Gott ist. Die bestehende ist von Gott angeordnet. Wer sich daher der Gewalt widersetzt, widersetzt sich der Anordnung Gottes; die sich aber widersetzen, ziehen sich selbst das Gericht zu.« (Röm. 13, 1-2)

So wuchs die Patientin in einem Klima heran, dem sie einen Gott verdankt, der auf alles sieht und Unartigkeiten jetzt oder später bestraft. Die Mutter sah ohnmächtig zu, wenn ihr Kind beschimpft wurde, versöhnte sich aber immer wieder mit dem Schicksal, wenn sie merkte, wie »brav« und fleißig ihr Dorle war. Und da sich das Familienleben überwiegend ohne Probleme darstellte, weil die Probleme unter den Teppich gekehrt wurden, merkte sie auch nicht, wie sehr ihre Tochter unter dieser katastrophalen Atmosphäre litt. Die Haßliebe gegenüber dem Vater wuchs: So verspürte sie einerseits seine Hilflosigkeit, die er mit kompromißloser Strenge zu kompensieren versuchte, andererseits seine verletzende Rechthaberei und Verständnislosigkeit, die sie an den Rand ohnmächtiger Wut brachte. Und da sie ihren Vater ja gemäß dem vierten Gebot lieben und ehren mußte, empfand sie angesichts ihrer überlaufenden Haßgefühle Angst und Schuld. Um ihre Schuldgefühle einigermaßen in den Griff zu bekommen und abzubüßen, suchte sie unbewußt nach Selbstbestrafungen in Form von Selbsterniedrigungen. Sie machte sich selber schlecht, wo immer sie Gelegenheit dazu hatte; sie traute sich nichts zu, betitelte sich in Selbstbeschimpfungen mit »Schlampe« und »blödes Frauenzimmer« und lebte nach dem Grundsatz: »Ich kann nichts und ich bin nichts«.

Doch der Wunsch nach Zuwendung und Anerkennung war größer als aufkommende Selbsttötungsgedanken. Sie fand heraus, daß sie noch am ehesten Anerkennung bekam, wenn sie anderen Geschenke machte, ihre Dienste anbot und sich untertänigst in die Rolle des Aschenputtels begab. Das hatte sie ja als Kind früh genug gelernt.

Ihre eigenen Bedürfnisse zu erfüllen kam ihr nicht in den Sinn. Das erschien ihr als egoistisch und in Anbetracht ihrer Schuldgefühle als unangemessen.

Jahre vergingen. Sie heiratete und litt zunehmend unter Schlafstörungen, Kopfschmerzen und einem erdrückenden Globusgefühl im Hals. Der Tod ihres inzwischen verstorbenen Vaters verstärkte ihre Schuldgefühle. Sie bezichtigte sich der Lieblosigkeit ihm gegenüber, einem Mangel an Demut. Eine typische Introjektion: Da sie ihren Vater über dessen Tod hinaus nicht anklagen und ihren Haß nicht wahrhaben wollte, suchte sie nun die Fehler bei sich selber. Auf diese Weise war der angstmachende Haß geschickt aus dem Weg geräumt. Schließlich kam sie mit keinem Menschen mehr zurecht. Sie war voll Ablehnung und Kritik, suchte bei allem aber die Schuld nur bei sich und nannte sich einen Egoisten, der zu wenig Liebe geben würde.
In jeder Sitzung brachte sie kleine Geschenke mit: Blumen, Deckchen, Kerzen. Sie war nicht imstande, etwas ohne Gegengabe anzunehmen, weil das ihre Schuldgefühle verstärkte. Komplimente wegen ihrer handwerklichen Begabung entwertete sie mit einem entschiedenen »Ach, das ist doch nichts. Das soll ein kleiner Dank für Ihre Bemühungen sein«.
Sie merkte nicht, daß sie Opfer einer pflichtgemäßen Liebe war, die nicht befreiend, sondern einengend wirkte. Und in der Tat: Ihre Liebe zu ihren beiden Kindern führte allmählich zu unerträglichen Spannungen in der Familie. Sie versuchte, an ihren Kindern das doppelt gutzumachen, was sie als Kind vermißte.
Diese Verwöhnung bewirkte natürlich das Gegenteil dessen, was sie beabsichtigte. Der achtjährige Junge litt unter asthmatischen Krampfzuständen, während seine vierzehnjährige Schwester erste Anzeichen einer Magersucht zeigte.
Viele Gespräche waren erforderlich, in denen ihr negatives Selbstbildnis, ihr verdrängter, legitimer Haß gegen den Vater und ihr angstbeladenes Gottesbild zum Thema gemacht wurden. Erst am Ende war sie in der Lage, ihre Wut hinauszuschreien und zaghafte Versuche zu unternehmen,

Prolog

Die Menschen sind blind:
Sie loben meine hervorragende Anpassungsfähigkeit;
sie rühmen mich wegen meiner hohen Bescheidenheit;
sie bewundern meine ungeheure Leidensfähigkeit;
sie achten meine starke Standfestigkeit,
und sie ehren mich wegen meiner tiefen Demut.

Ich aber weiß:
Meine Anpassung geschieht aus Feigheit;
meine Bescheidenheit ist Bequemlichkeit;
meine Leidensfähigkeit ist Selbstbestrafung;
meine Standfestigkeit ist Sturheit,
und meine Demut ist gelernte Ohnmacht.

Wenn ich dann aber
meine Fähigkeiten offen bekenne,
meine Meinung frei äußere,
meinen Zorn laut hinausschreie
und den Gehorsam verweigere;

dann sagen sie:
ich sei arrogant, verlogen, frech;
Eigenlob würde stinken;
Hochmut käme vor dem Fall
und du sollst Vater und Mutter ehren.

Jetzt las ich in der Bibel,
wie Jesus seinen Eltern weglief;
wie er Gebote verletzte
und zum Umdenken aufforderte.

Jetzt habe ich wieder Mut zum Leben.

Jesus stellte Traditionen in Frage, handelte oft gegen die Gebote seiner Zeit und wurde schließlich von frommen Leuten und religiösen Eiferern umgebracht. Damals wie heute. Er forderte eine Demut, die nicht Dien-Wut sein soll, sondern um der Liebe willen getan wird. So nimmt auch derjenige die Gesetze ernst, der sie verantwortlich übertritt. Denn Liebe verlangt mitunter Mut zur Rebellion. Und weltweit geschieht mehr Unrecht aus Gehorsam als aus Rebelllion.
Jesus forderte ein waches Bewußtsein für Situationen und Menschen, nicht Unterwerfung. Knechtische Bravheit vermag nichts auszurichten. Der demütige Menschen kommt nicht daran vorbei, sich dem Vorwurf des Hochmuts auszuliefern, wenn er erstarrte Gewohnheiten hinterfragt, Traditionen ändern möchte und Einfluß ausüben will. Man wird ihm Arroganz, Stolz und Profilsucht vorwerfen, wo er vielleicht nur mutig ist und seinen Ruf riskiert, um Menschen zu retten. Das kirchliche (illegale) Asylrecht bleibt eine christliche Forderung für den Fall eines vermuteten staatlichen Irrtums. Da kann der Innenminister noch so kräftig auf die bestehenden Paragraphen pochen; Jesus hat das immer anders gesehen:

»Angeklagter«, sagte der Großinquisitor, »Ihnen wird vorgeworfen, Menschen ermutigt zu haben, Gesetze, Traditionen und Regeln unserer heiligen Religion zu brechen. Was haben Sie dazu zu sagen?«

»Ich bekenne mich schuldig, Euer Ehren.«

»Sie werden beschuldigt, des öfteren in Gesellschaft von Ketzern, Prostituierten, gemeinen Sündern, wucherischen Steuereinnehmern, kurz dem Abschaum der Gesellschaft gesehen worden zu sein. Was sagen Sie dazu?«

»Ich bekenne mich schuldig, Euer Ehren.«

»Man wirft Ihnen außerdem vor, öffentlich jene kritisiert zu haben, die in der Kirche Gottes an oberste Stelle gesetzt wurden. Was sagen Sie dazu?«

»Schuldig, Euer Ehren.«

»Wie heißen Sie, Angeklagter?«

»Jesus Christus, Euer Ehren.«

Wer christlich handelt und Mut zum Dienst am Nächsten hat, muß also gelegentlich mit Attacken aus den eigenen Reihen rechnen. So erging es auch dem hl. Johannes vom Kreuz, der von seinen Mitbrüdern in Haft genommen wurde, weil er seinem inneren Ruf folgte, aber gegen bestehende Regeln handelte. Demut ist keine weltliche Tugend; sie ist auch keine Tugend der Jugend, sondern der reifen Jahre. Das mag uns im Augenblick trösten, bewahrt uns aber nicht davor, sie zu üben. Und wer am Lebensende erkennt, daß er keinen Schritt vorangekommen ist in seinen geistlichen Übungen, darf mit der Großzügigkeit Gottes rechnen, die den Erfolg nicht bewertet, sondern allein die Mühe.

Sich bejahen und gut zu sich sein

Selbstbejahung ist Folge erfahrenen Angenommenseins. Wenn die Eltern ihr Kind nicht annehmen und es nicht so werden lassen, wie es seinen Anlagen gemäß werden soll, wird dieses Kind nicht imstande sein, sich selbst zu lieben und seinerseits Liebe zu geben. Es wird, wie im eingangs beschriebenen Fall der Patientin B., stets nach Anerkennung suchen und alles tun, um sein Defizit an Geborgenheit aufzufüllen. Es wird egoistisch nach Zuwendung schreien oder als depressiver Mensch egozentrisch um sein gestörtes Ich kreisen, sich bemitleiden.

Nun hat in unserer Gesellschaft aber nicht nur derjenige Schwierigkeiten, dessen frühkindlicher Narzißmus sich nicht genügend durch elterliche Zuwendung entfalten konnte, sondern auch jeder, dessen natürliches Selbstwertgefühl durch eine falsche religiöse Erziehung gekappt wurde. Wo das gesunde Bedürfnis nach Belohnung und Anerkennung nicht befriedigt wurde, wo stets auf Verzicht und Bescheidenheit um eines himmlischen Wertes willen gepocht wurde, vergeht einem die Lust auf den entsagungsvollen Weg zur Selbstbeherrschung.

Viele christlich erzogene Menschen sind nicht in der Lage, ihre Vorzüge, ihre Gaben und Talente zuzugeben. Eher machen sie sich schlecht und üben schamlose Selbstkritik. Sie sollten sich das biblische Wort zu eigen machen, das im Buch Jesus Sirach 10,28 + 29 lautet: »In aller Demut ehre auch dich selbst, und stelle dir das Urteil aus, das du verdienst. Wer wird wohl einen, der sich selber Unrecht gibt, verteidigen, und wer wird einen ehren, der sich selbst entehrt?«

Über die Hintergründe solcher Selbsterniedrigung werden wir im zweiten Teil des Buches noch sprechen. Wer seine positiven Seiten, seine Erfolge und gelungenen Bemühungen nicht anerkennen und belohnen kann, ist auch kaum imstande, andere zu loben. Er bewegt sich sehr dicht am Grenzgebiet von Neid, Eifersucht und der irrigen Meinung, Lob könne nur zum Hochmut führen. Eine junge Frau nahm sich vor, innerhalb von drei Monaten zwanzig Kilogramm Gewicht abzuspecken. Sie schaffte nur vierzehn Kilogramm. Über die fehlenden sechs Kilo war sie so enttäuscht, daß es ihr nicht in den Sinn kam, angesichts des Erreichten dankbar zu sein.

Ein Schüler, der sich im durchschnittlichen Leistungsbereich bewegt, erreichte bei einer Mathematikarbeit, für die er sehr intensiv lernte, eine »Zwei«. Als der Lehrer ihm die Arbeit anerkennend vorlegte, verzog der Schüler keine Miene. Er dachte schon an die nächste Mathematikarbeit, die er bestimmt nicht so gut meistern werde. Daß er mit seinem negativen Denken den Mißerfolg geradezu provoziert, war ihm nicht klar.
Auf manche Menschen hat der Gedanke einer Selbstbelohnung eine schockierende Wirkung. Sie haben nicht gelernt, gut zu sich selbst zu sein, zärtlich und rücksichtsvoll mit sich selbst umzugehen. Gewiß, wer als Kind nie Zärtlichkeit bekam, eher Schläge und Tadel erfuhr, wird sich schlecht fühlen. Wer sich schlecht fühlt, kommt sich schlecht vor und hält sich am Ende auch für einen schlechten Menschen, der Erfolge, Anerkennung nicht verdient. Also wird er sich bestrafen und somit sein schlechtes Gefühl für kurze Zeit ausblenden können. Nicht selten entwickelt er sich zum Sadomasochisten. Komplimente sind ihm höchst verdächtig. Ja, er wird sogar mißtrauisch gegen Leute, die ihm Lob spenden. Er wittert dahinter taktisches, manipulatives Verhalten.
Selbstbestrafung ist weit häufiger anzutreffen als Selbstbelohnung. Das Gut-zu-sich-Sein wird mit Egoismus verwechselt. Es entspricht dem Willen Jesu, daß wir uns selbst und andere glücklich machen sollen.
Ein Vater, der seine Kinder vorwiegend bestraft für ein unerwünschtes Verhalten, erreicht kaum jene Einsicht, die er sich mit den Sanktionen erhofft. Würde er das positive Verhalten seiner Kinder loben, das negative Verhalten übersehen oder mit ihnen besprechen, hätte er mehr Erfolg. Das gilt für alle Dinge des Lebens. Jesus spricht von Selbstverleugnung und Kreuzesnachfolge. Das kann nie heißen, daß wir uns verneinen, schlechtmachen sollen und auf Belohnung verzichten müssen.
Jesus hielt sehr häufig gemeinsames Mahl mit seinen

Freunden. Er lud sich selber beim Zöllner Zachäus zum Essen ein; er saß mit Sündern zu Tisch. Er war gut zu sich und zu den anderen; er heilte und vergab Sünden. Die Frommen waren es, nicht die Schurken, die dieses Verhalten anprangerten. Sie nannten ihn »Fresser« und konnten in ihrer Selbstüberschätzung nicht erkennen, aus welcher lebensfreundlichen Quelle sein Verhalten gespeist wurde.

Allzuoft ängstigen wir uns vor dem Gerede der Leute und verzichten auf legitime Wünsche. Wir haben Angst, mißverstanden, angeprangert, abgelehnt zu werden, wenn wir uns etwas gönnen. Und deshalb üben wir Verzicht. Dies hat mit Demut nichts zu tun. Und wie oft rührt sich dann der Zorn gegen die, die es uns verbieten wollen!

Es ist Ziel einer jeden Therapie, den Menschen zur Selbstverwirklichung zu führen. Dazu gehört wesentlich das Erlernen der Fähigkeiten zum Selbstlob: »Ja, ich bin okay. Ich habe ein Recht auf die Erfüllung meiner elementaren Bedürfnisse. Ich besitze Fähigkeiten, Gefühle, einen freien Willen. Ich kann etwas. Ich erreiche mit Gottes Hilfe mein Ziel.«

Es geht nicht darum, auf Kosten anderer sich durchzusetzen, dem erstbesten Trieb nachzugeben, sich ein faules Leben zu machen. Es hat mit Hochmut nichts zu tun, wenn wir einen gesunden Stolz entwickeln, an uns selber auch glauben.

Ich erfahre häufig, daß sich gerade Menschen mit einem geringen Selbstwertgefühl schwertun, andere gelten zu lassen. Ihre mangelnde Selbstbejahung versuchen sie in einem äußerlich erscheinenden Sicherheitsgebaren zu kompensieren. Selbstgerecht einerseits, unsicher andererseits, verurteilen sie vehement das selbstbewußte Auftreten ihrer Mitmenschen, wobei oft der Grad ihrer Vehemenz Auskunft gibt über die Tiefe ihrer Ichschwäche. Sie werfen den anderen Stolz vor, deuten deren Selbstbewußtsein als Arroganz und projizieren dabei genau das in sie hinein,

was sie bei sich selbst verurteilen beziehungsweise erfolglos suchen.
Wirkliche Arroganz ist anders: Sie ist Anmaßung eines Amtes, das mir nicht zusteht. Sie ist Dünkel, der sich über andere erhebt, um sie in den Staub zu werfen. Sie ist pharisäisches Besserwissenwollen und heuchlerischer Dank dafür, »daß ich nicht so bin wie der Zöllner« (Lk. 18,11).
Der Demütige ist der einzige, der ein richtiges Selbstwertgefühl besitzt. Da er weiß, wie Gott ihn liebt und wie er ihn in seiner Eigenart geschaffen hat, kann er sich nicht geringachten. Bei dieser Erkenntnis hilft ihm die regelmäßige Erforschung seines Gewissens, die sein Handeln, Denken, Fühlen hinterfragt. Die dabei vollzogene Selbstkritik führt nicht zu einer Ablehnung, sondern zu einer Korrektur seines Verhaltens, zur Bejahung seiner Werte und demütigen Erkenntnis seiner Fehler.
Therese von Lisieux, die als Inbegriff einer demütigen Heiligen gilt, beschreibt in ihrem »Kleinen Weg« diese Selbstannahme: »Durch die Gnade Gottes bin ich, was ich bin.« (1 Kor. 15,10) Der Mensch hat es nicht mehr nötig, sich von anderen bewundern zu lassen oder sich selbst zu verachten. Er braucht nicht mehr »große Werke vorzuweisen, es genügt, wenn er Strohhalme ins Feuer wirft, indem er kleine Dinge tut.«
Darin liegt ja das Dilemma unserer Zeit: Daß wir glauben, das Kleine gelte nichts. Gerade das Kleine hat eine von Gott gegebene Berechtigung: Wir sollen werden wie die Kinder, die sich in ihren Eigen-Arten bejahen, die unbefangen zu ihrem Körper, zu ihren Gefühlen und Wünschen Ja sagen.
Besonders der Körper macht uns zu schaffen. Die leibfeindliche Erziehung hat uns eine Menge Schuldgefühle eingehandelt. Der befangene, ablehnende Umgang mit dem eigenen Körper geht auf das Konto einer supranaturalistischen, völlig verzerrten Theologie. Jesus nahm den menschlichen Leib an; er wurde leib-haftig. Wenn wir

heute den Leibhaftigen nennen, meinen wir den Teufel als Inbegriff des sexuellen Verführers.
Selbstbejahung ist gottgewollt und schließt den Körper inklusiv aller körperlichen Regungen mit ein. Wer gut zu sich ist, lehnt seinen Körper nicht ab. Unsere Erziehung hat das noch nicht begriffen: Spielt das Kleinkind lustvoll mit seinen Genitalien, schmiert es fröhlich mit seinem Kot, erregt es den Unmut seiner Eltern. Entdeckt der junge Mensch seine erwachende Sexualität, wobei er vielleicht in der Selbstbefriedigung phantasierend die Partnerschaft vorwegnimmt, zieht er sich den Zorn der Moralisten zu, die ihn mit weiteren Schuldgefühlen bestrafen; zeigt der alternde Mensch noch Interesse an sexueller Tätigkeit, gilt er als unmoralisch und verdorben.
Da sexuelle Vergehen meist als sehr schlimme Sünden überbewertet werden, erwecken sie einerseits Neugier, andererseits Angst. Wer in diesem Bereich Schwierigkeiten hat, läuft Gefahr, seine Person als Ganzes abzulehnen und sich resignierend in sexuelle Vergnügen hineinzustürzen, die sich dann hinterher stets als schuldanhäufende Fluchtreaktionen entpuppen. Der erfolglose Appell an seinen Willen kann ihn zur Verzweiflung bringen, wenn er kein stabiles und versöhnendes Gottesbild vermittelt bekam.
Sexuelle Störungen sind immer Störungen im zwischenmenschlichen Bereich. Es kann einer nur gut zu sich sein, wenn er seine körperlichen Bedürfnisse nicht permanent unterdrückt. Ich will damit keineswegs ein grenzenloses Ausleben bejahen. Jeder muß seine Bedürfnisse, gleich welcher Art, kultivieren.
Die Geschichte lehrt uns in erschreckender Weise, in welche Richtung sich Menschen entwickeln, die Teilbereiche ihrer Person, etwa die Sexualität, ablehnen. Sie unterdrükken andere, werden zu blutleeren, rational argumentierenden Karikaturen. Wie befreiend wirkt ein Mensch, der sich selber angenommen hat; der Freude am Leben hat, der seine körperlichen Bedürfnisse kennt und pflegt und seine

eigene Wünsche ohne Schuldgefühle zu erfüllen. Abschließend brachten wir ihre seelischen Verletzungen, ihren Zorn, ihre Ängste in einem befreienden Gebet vor Gott.
Seit Abschluß der Therapie ist jetzt ein halbes Jahr vergangen. In langen Briefen teilte sie mir ihren Fortschritt mit. Zuletzt schrieb sie nicht ohne Stolz, daß sie es fertiggebracht habe, mit ihrer Mutter über die Vergangenheit zu reden. Doch das erdrückende Globusgefühl im Hals wird sie wohl solange behalten, wie sie Ärger und Angst herunterschluckt.

Mitmenschen in ihrer Eigenart gelten läßt. Er wirkt, auch wenn er kein Christ ist, erlöster als mancher kirchlich geprägte Zeitgenosse, der in jeder weltverbundenen Lebensfreude eine Gefahr für die Seele wittert.

Es wird Zeit, daß wir Christen ein gesundes Empfinden dem Leben und dem Leiblichen gegenüber entwickeln!

Vor mir liegt der Brief eines 23jährigen Studenten aus gutem Haus. Er klagt über Rückenschmerzen, Kopf- und Halsschmerzen, obgleich die Ärzte ihm bestätigen, daß er als Sportler körperlich kerngesund ist und seine Beschwerden psychogener Art sein müssen. In der Tat: Immer, wenn er mit Mädchen zusammen ist, sich verliebt, treten die genannten Störungen massiv auf. In einem Gespräch bestätigte er meine Vermutung, daß er sexuelle Ängste habe, daß er seine Gefühle verdränge und ein rationaler Mensch sei. In der Organsprache des Körpers stellt sich sein Problem so dar: Er beherrscht stark seine Empfindungen, wobei er sich regelrecht versteift; er verbietet sich aufbrechende Gefühle aus Angst, sie könnten ihn überwältigen; dabei stehen sie ihm bis zum Hals und bereiten ihm Kopfzerbrechen.

Er bejaht seine Gefühle nicht; er verdrängt auch sexuelle Wünsche mit dem Resultat, daß sie besonders bedrohlich werden. Sein Verzicht entspringt nicht der Demut, sondern der Angst vor irgendwelchen Konsequenzen. Die Angst vor einer möglichen Sünde führt ihn zur psychosomatischen Verkrampfung. Er kann sich insgesamt nicht frei und unbefangen geben.

Nun heißt das nicht, daß er seine Unbefangenheit dadurch zurückgewinnen könne, daß er sich zu einem intimen Verkehr durchringt. Dieser Weg brächte ihm eine Menge Schuldgefühle ein, die seine Ängste noch verstärken würden. Er muß lernen, zuerst einmal zu seinen Empfindungen und Wünschen ›Ja‹ zu sagen. Die Bejahung ermöglicht ihm dann auch den freigewählten Verzicht. Wer ablehnt und nicht wahrhaben will, wird entweder in tiefe Depres-

sion fallen oder eine neurotische Fixierung in jenem Gebiet zeigen, das er mit aller Energie meiden will.
Ich mache tagtäglich die Erfahrung, daß sich gerade ernstmeinende Christen schwertun mit sexuellen Fragen. Heute morgen las ich einige Artikel in einer Diözesanschrift, in der Jugendleiter und pädagogische Theologen Stellung nehmen zu sexuellen Problemen Jugendlicher. In keinem Artikel fanden sich klärende, brauchbare Aussagen für konkretes Sexualverhalten. Es wurde fast alles angesprochen: Selbstbefriedigung, vorehelicher Verkehr, Homosexualität. Doch die Autoren wanden sich sehr geschickt mit glänzenden, nichtssagenden Formulierungen und lerntheoretischen Überlegungen durch das Dickicht sexualpädagogischer Führung. Wie gefährlich muß die Befürwortung sexueller Aktivität sein!? Welche Konsequenzen muß es wohl für sie haben, wenn sie behaupten würden, daß Selbstbefriedigung nicht in jedem Fall Sünde sei, daß vorehelicher Geschlechtsverkehr zwischen zwei Menschen, die die Heirat ansteuern, nicht gleich verantwortungslos sein müsse, daß Homosexuelle durch Unterdrückung ihrer sexuellen Veranlagung nicht geheilt werden können. Hier kann nur der Heilige Geist heilen.
Wer hier ausnahmslos von Sünde spricht, weiß nichts von Tiefenpsychologie, von neurotisierenden frühkindlichen Bedingungen und Einflüssen. Ist es eher Sünde, aus Liebe Vorschriften zu verletzen oder lieblos ein Gebot zu beachten? Mitunter bekomme ich das Gefühl nicht los, daß sich im sozialen Schutz der Ehe auch Lieblosigkeit und Sünde verbergen können, wie in den oben genannten sexuellen Verhaltensformen. Nur die Liebe rechtfertigt die Übertretung eines Gebotes. Wo keine Liebe (auch keine gesunde Selbstliebe) ist, liegt Egoismus, Gleichgültigkeit, Haß oder Angst vor. Und niemand wage es, im Einzelfall von Sünde zu sprechen, bevor er nicht die wahren Hintergründe kennt. Jesus war stets zu allen Menschen gut, besonders zu den Sündern. Wir tun gut daran, auch gut zu ihnen zu sein.

Selbstlosigkeit heißt Handeln und Denken ohne selbstsüchtige Motive; heißt sachlich sein. Ich kann meine Arbeit tun mit dem Hintergedanken, welche Wirkung sie auf andere macht, welche Vorteile ich dadurch haben werde. Auf diese Weise suche ich mich selbst. Jedes Achten auf den Eindruck macht unecht. Sehr viele Menschen richten sich nach dem, was die anderen von ihnen denken könnten. »Laß das, das tut man nicht!« – »Zieh eine andere Hose an, was denken denn sonst die Leute von dir!« – »Nimm die Hände aus der Hosentasche. Das macht sonst einen schlechten Eindruck.« usw. Auch soziale, aufopfernde, demutsvoll erscheinende Gesten können zutiefst unehrlich und selbstsüchtig sein, sobald der Wunsch nach einer guten Wirkung der eigenen Person Grund dieses Handelns ist.
Nicht jedes Sichzurückstellen ist daher schon in sich gut. Hierin verbirgt sich manchmal mehr unerkannter Hochmut als in der Prahlsucht ichschwacher Menschen. Je wichtiger ich mir vorkomme, gerade beim Akt tätiger Nächstenliebe, desto kümmerlicher werde ich. Hier müssen wir alle aufpassen; denn der Stolz nagt in jedem von uns. Diese Erkenntnis sollte uns auch davor bewahren, vorschnell und oberflächlich Urteile über andere zu fällen.
Bekannt sind jedem die widerwärtigen Äußerungen, mit denen Kleingeister und kirchliche Gegner ihre Aggressionen oder ihre durch Bequemlichkeit verursachten Schuldgefühle zu verdrängen versuchen: »Der geht doch nur in den Gottesdienst, um seinen neuen Mantel zu zeigen!« — »Die geht doch nur in die erste Bank, um gesehen zu werden!« — »Da gehen sie heuchelnd in die Kirche, um danach über die Leute zu klatschen!« usw.
Ohne Zweifel mag es solche Menschen geben, auf die jene angeprangerte Haltung zutrifft. Aber gibt es nicht überall, auch in den eigenen Kreisen, schwarze Schafe? Sind wir nicht alle arme Sünder, die allzurasch von sich auf andere

schließen? Wer so anklagt, verrät oft eigene unedle Motive, die er dem Mitmenschen unterjubelt, um sich selber schadlos zu halten. Solche Haltung ist Hochmut, weil sie die eigenen Schwächen verdecken will, sich selbst ins rechte Licht rücken will. Gezielte Kritik darf sein; nicht jedoch pauschal, lieblos und zugunsten seiner eigenen fragwürdigen Position. »Tut nichts aus Selbstsucht oder eitler Ruhmsucht, sondern in Demut halte jeder den anderen für höher als sich selbst. Nicht achte jeder nur auf das Seine, sondern jeder achte auch auf das, was des anderen ist.« (Phil. 2,3 + 4)

Wenn wir merken, daß Mitmenschen unterzugehen drohen in einem lieblosen, konkurrierenden Milieu, daß sie ihre tatsächlichen Fähigkeiten nicht einsetzen können, weil andere sie nicht zum Zug kommen lassen, dann sind wir aufgefordert, ihnen zu helfen und ihr Licht zum Leuchten zu bringen. Es geht nicht darum, mein Licht ihnen zu leihen, sondern in ihnen die noch glühenden Funken ihres eigenen Lichtes zu entfachen durch Ansporn, Aufmunterung und menschliche Unterstützung.

Gute Beziehungen haben kann nicht alles sein. Es ist wichtig, in einem Spiel auch einmal den anderen gewinnen zu lassen, damit er mit diesem Erfolgserlebnis sein Selbstwertgefühl stärken kann. Dies soll unauffällig und in Liebe geschehen. Der andere muß das Gefühl haben, daß er den Sieg erkämpft hat. Ein Geschenk wäre wertlos. Also überfordere ich ihn nicht, sondern passe mich seinen Fähigkeiten an.

Gott ist ein fairer Mitspieler. Er gibt uns nicht das Gefühl, daß wir stets die Verlierer seien. Er überläßt uns meist den ersten Zug und höhnt nicht über ein verlorenes Spiel.

Sich zugunsten der Schwachen zurückstellen, das ist Barmherzigkeit. Das bringt nur der fertig, der seine eigenen Grenzen kennt, der seine Vergangenheit, Veranlagung, Gegenwart, Krankheiten und Zukunftsperspektiven, seine Wünsche bejaht. Selbstbejahung ist zutiefst nur möglich

durch Bewußtmachung meiner verborgenen Motive. Ich bin nicht der Edle, für den ich vielleicht gehalten werde. Ich bin auch nicht der Böse, den manche in mir sehen wollen. Es gibt nicht nur Scheinheilige; es gibt weit mehr Scheinböse. Fast alle Streitigkeiten, Verletzungen und boshaft erscheinenden Intrigen, in die ich verwickelt war, entstanden aus lächerlichen Mißverständnissen, aus Fehlschlüssen und aus dem ersten Moment unbeherrschten Zorns. Das hochmütige Element findet sich bei solchen feind-seligen Situationen im Besserwissen, in der Eigenmächtigkeit des Vorgehens, in der Unversöhnlichkeit. Das alles mündet dann in selbstsüchtigen Klatsch, der erst mit dem Akt der Einsicht in eigene Fehler und dem Akt der Reue beendet werden kann.
Die Überforderung durch überhöhte Leistungsansprüche führt zum Versagen und zum Bruch im Selbstwertgefühl, wenn die Mißerfolge sich häufen. Das heißt: Wer stets darauf bedacht ist, recht behalten zu wollen (auch wenn er tatsächlich recht hat), weil Zugeständnisse für ihn Ausdruck unverzeihlicher Schwäche sind, programmiert seinen nächsten Mißerfolg. Er verweigert aufgrund eines pervertierten Selbstverständnisses jedem anderen die bessere Ausgangsposition. Sein Versuch, über andere seinen Erfolg zu sichern, andere zu erniedrigen, um sich zu erhöhen, bedeutet Betrug und Selbstbetrug.
Mutter Theresa von Kalkutta hat sich ganz in den Dienst der Kranken und Armen gestellt, ohne auf Konfession, Hautfarbe oder Vergangenheit zu achten. Sie nimmt jeden Schwachen vorbehaltlos an. Sie ist selber eine körperlich schwache Frau; doch es genügt ihr die Gnade, »denn meine Kraft ist in den Schwachen mächtig« (2 Kor. 12,9).
Nun ist nicht jedes Sichzurückstellen zugunsten der Schwachen ein Zeichen gottgewollter Demut. Diese Ergebenheit in den Willen anderer kann auch Ausdruck masochistischen Empfindens sein oder gar Symptom einer Ausbeutung durch egoistische, besitzgestörte Menschen. Auf

diese Zusammenhänge werde ich im zweiten Teil des Buches näher eingehen. Hier soll zunächst der Hinweis reichen, daß jeder von uns aufgefordert ist, die Schwachheit des anderen, die Möglichkeiten der Abhilfe und die eigenen Begrenzungen zu überprüfen und nicht blindlings in eine ohnmächtige Helferrolle hineinzustolpern.

Nicht jedes Dienen ist auch dienlich; ebenso ist auch nicht jedes Herrschen herrlich. Nicht jeder sich schwach Darbietende ist tatsächlich schwach; vielleicht simuliert er nur, so wie andere ihre Krankheit verbergen, also dissimulieren. Das Zurückstellen seiner eigenen Person ist dort angezeigt, wo es dem anderen zur Entfaltung seines Lichtes verhilft. Dabei darf aber die persönliche Entfaltung des Helfenden nicht blockiert werden. Wo die Förderung von Schwachen pathologische Wirkungen zeigt, egal, auf welcher Seite, muß sie sofort hinterfragt, notfalls beendet werden. Pathologische Wirkungen sind: Gegenseitige Abhängigkeit, die eine Selbstentfaltung verhindert; besitzergreifendes Triumphieren über den anderen, dessen Ohnmacht meine eigene Machtposition stabilisiert; Vergötzung des Helfenden durch den Hilflosen, die ihren Gipfel im Ausdruck »Ohne dich kann ich nicht leben« findet.

Es geht nicht an, daß die erwachsene Tochter ihrer alleinstehenden Mutter ständig »bei Fuß« steht, um der Mutter das Gefühl von Einsamkeit zu nehmen und sie so weiterhin in die Abhängigkeit zu führen. Hierbei entstehen in der Tochter Haßgefühle und gleichzeitig Schuldgefühle im Fall eigenverantwortlichen Handelns, z. B. wenn sie abends ins Theater geht oder in Urlaub fährt. Allzuoft werfen wir vorschnell solchen Menschen einen Mangel an Rücksicht vor und übersehen dabei, daß die andere Seite unersättliche Abhängigkeitsbedürfnisse durch eben diesen Vorwurf zu befriedigen sucht: »Wenn du gehst, bringe ich mich um!« — »Du darfst mich nicht im Stich lassen; du bist doch meine Tochter. Was habe ich alles für dich getan . . .« Mit derartigen Äußerungen wird unbewußt viel

Unheil angerichtet. Jesus ließ den Menschen ihre Entscheidungsfreiheit. Weder drängte er seine Hilfe auf, noch erpreßte er für sich die Hilfsbereitschaft der Menschen.
Es gibt auch das Gebot, eine Hilfe zurückzustellen, um dem anderen Zeit und Gelegenheit zu geben, eigene Entscheidungen und Möglichkeiten zur Problemlösung zu finden. Allzurasch sind wir versucht, dem anderen aufgrund seiner äußerlich erscheinenden Ohnmacht unsere Ideen und Ratschläge aufzudrängen in der Meinung, rechtmäßig und christlich zu handeln. Dabei kann jenes gutmeinende Helfenwollen gerade das Gegenteil bewirken: Wir stellen uns unbewußt in den Mittelpunkt, ersticken in Ungeduld oder Intoleranz jede aufkommende Eigeninitiative des von uns bedrängten Menschen. Viele Schwache werden erst durch unser Hinzueilen schwach gemacht, als ob wir sie brauchten zur Stärkung unseres schwachen Selbstwertgefühls.
Abschließend möchte ich noch etwas zu dem falschen Spruch »Hilf dir selbst, so hilft dir Gott« bemerken. So ein dahingeschwätzter Satz kann jenen Menschen, die sich nicht helfen können, unglaubliche Angst einjagen. Es wäre besser zu sagen: »Helfe ich dir, so hilft dir Gott.« Gott ist für jeden da, der aus eigener Kraft nichts mehr tun kann. Allerdings bedient er sich in der Regel der Menschen. Jeder, der diesen Satz also im Mund führt, ist aufgefordert anzupacken, sonst wird so ein Volksspruch rasch zu einer Entschuldigung für die eigene Bequemlichkeit, zu einer billigen Vertröstung. Gewiß ist jeder verpflichtet, zuerst einmal eigene Energiereserven mobil zu machen. Wir werden schuldig, wenn wir auf die Unterstützung anderer pochen und unsere Schwächen als Mittel zum eigennützigen Gewinn mißbrauchen. Wir werden schuldig, wenn wir nicht gewillt sind, uns zu entfalten und Fähigkeiten zu entwickeln aus Angst vor dem Verlust von Zuwendung, Mitleid, Verwöhnung, Bequemlichkeit. Solche Schwachen bedürfen nicht unserer »Hilfe«. Sie bedürfen allenfalls einer fachlichen Beratung und geistlichen Betreuung.

Ein echtes Zeichen von Demut im Sinn einer Selbstverleugnung ist es, wenn einer auf eine wohlverdiente Anerkennung verzichtet. Wie oft kommt es vor, daß ein Mitarbeiter von uns für eine Arbeit gelobt wird, die wir selber in der Hauptsache geleistet haben. Oder umgekehrt: Daß wir Komplimente für uns einstreichen, die wir seriöserweise an einen anderen abgeben sollen. Fühlen wir uns im ersten Fall nicht übergangen, verkannt?

Und wenn wir nun beobachten, wie sichtlich gut das Lob dem anderen tut, so wollen wir uns hüten, die uns zustehende Anerkennung an uns zu reißen. Das juristische Recht stünde auf unserer Seite, nicht aber das moralische. »Ehre, wem Ehre gebührt« kann dann zur Lüge werden. Der Starke muß es aushalten, einen Schwachen an seinen Verdiensten teilhaben zu lassen. Denn Selbstverleugnung, so sagte mir einmal ein junger Mann, heißt, das aus Liebe tun, was ich nicht will, heißt: aus Liebe auf das verzichten, was mir rechtlich zusteht.

Fehler annehmen und vergeben

Als Psychotherapeut weiß ich, wie schwerwiegend sich Selbstablehnung und die Verweigerung der Vergebung auf die leibseelische Befindlichkeit eines Menschen auswirken können. Vielleicht zeigt sich hierin am deutlichsten noch, wie fähig oder unfähig jemand ist, Demut zu erlernen. Nicht ein ständiges Betonen seiner Schwächen, Grenzen oder Sünden ist die von Gott gewollte Haltung der Demut (oder Selbstverleugnung), sondern die schuldbejahende Haltung, die solche Unvollkommenheit eingesteht und sich vergeben läßt. »Ihr seid reingewaschen und geheiligt, ihr seid gerechtfertigt worden im Namen Jesu und im Geist unseres Gottes« (1 Kor. 6, 11b).

Wieviele gutgläubige Menschen aber, irritiert von einem falsch verstandenen Demutsbegriff, verfangen sich in einem endlosen masochistischen Wiedergutmachungsritual, um ihren bedrohlich wirkenden Gott zu versöhnen! Ständig blicken sie rückwärts auf ihre vergangenen Fehler und lamentieren, die Strafe buchstäblich herabbeschwörend, über längst Dahingegangenes. Sie können sich der Vergebung nicht erfreuen.

Während die einen tagtäglich alte Schuld wachrufen, um sie erfolglos totzujammern, versuchen die weniger kirchlich geprägten Sünder ihre Schuld durch Verdrängungsmechanismen zu vergessen. Dies geschieht häufig dadurch, daß sie Sündenböcke ausfindig machen, auf die sie ihre eigenen Fehler projizieren können. Natürlich sind sie nicht imstande, die Schwächen ihrer Mitmenschen zu akzeptieren. In ihrer Selbstablehnung wirken sie oft gereizt, rechthaberisch, unduldsam und in einer eigentümlichen Weise selbstgerecht.

Jesus bittet uns, drei Schritte auf ihn zuzugehen: Schuldeinsicht, Bekenntnis und Bitte um Vergebung. Er fordert keine Selbstbestrafung. »Nicht Opfer will ich, sondern ein demütiges Herz« (Ps. 51, 19).

Echte Opfer sind Ausdruck von Liebe und bedeuten Verzicht oder Entsagung. Sie sind keine Mittel zur Selbstbestrafung (indem ich mir Gewalt antue, mich verletze, zusätzliche Pein auferlege) oder zur Versöhnung eines erbitterten Gottes.

Der wahrhaft Demütige ist von Trauer ergriffen über seine Verfehlungen. Das meint nicht Selbstmitleid und Selbstzerfleischung, sondern sachliche Erkenntnis seines Schattens und Schmerz über das Mißtrauen Gott gegenüber. Denn jede Sünde ist Ausdruck mehr oder weniger versteckten Kleinglaubens. Seine Einsicht in eigenes Versagen ermöglicht es ihm erst, das Versagen anderer zu verstehen und zu vergeben. Er wird sie nicht lieblos anprangern oder moralisieren. »Es irrt der Mensch, solang er strebt!« sagt Goethe im Faust. Und die Bibel drückt es so aus: »Der Gerechte fällt siebenmal am Tag« (Spr. 24, 16). Jesus erniedrigte sich zum Menschsein, um uns zu erlösen. Er verzichtete auf sein Recht, seine Mörder anzuklagen. Darin und in der absoluten Auslieferung an seinen Vater lag seine tiefe Demut.

Immer wieder schütten Patienten ihre Sorgen bei mir aus, wobei sie besonders an ihren vermeintlichen oder wirklichen Verfehlungen steckenbleiben. Diese haben eine so zentrale Stellung in ihrem Leben eingenommen, daß ihr ganzes Denken und Fühlen darum kreist. Diese Menschen nehmen sich selbst zu wichtig: Sie glauben, Gott hätte ihnen nicht vergeben. Oder aber sie verzeihen sich selbst nicht. Dahinter steckt ein unerkannter Hochmut, wie ich später noch darlegen werde.

Umgekehrt ist die Verdrängung, das Nichtwahrhabenwollen seiner Unzulänglichkeit eine ebenso fatale Haltung. Sie führt zur Verblendung und Selbstunkenntnis. Das führt wiederum zur Selbstschädigung in Form überhöhter Selbsteinschätzung oder unbewußter Schuldgefühle, die immer wieder hervorzubrechen drohen.

Psychologisch betrachtet muß der enthüllende Blick auf die Schattenseiten seiner Lebensgeschichte keineswegs zur Besserung führen. Er kann mitunter das schlechte Gefühl über seine Grenzen verstärken und depressive Stimmung verursachen. Zum seelischen Wohlbefinden gehört auch ein guter Schuß Beschönigung. Ebenso dient ja auch der Hausflur- oder Büroklatsch weniger dem Schlechtmachen anderer als der Erzeugung des Gefühls: Die anderen sind auch nicht besser als ich selbst; die anderen haben die gleichen Mängel wie ich.

Solches Handeln ist menschlich und will das eigene begrenzte Selbstbild erträglicher machen. Sobald ich um diese Hintergründe weiß, fällt es mir leichter, über andere auch Positives zu verbreiten.

Die Beichte stellt eine sehr sinnvolle Methode zur Selbsterkenntnis dar, wenn sie richtig praktiziert wird. Hier aber zeigen sich gravierende Mängel. Erfahrungsgemäß schlagen sich die meisten Menschen ein Leben lang mit den gleichen Sünden herum. Sie bekennen hundertmal dasselbe, nehmen sich hundertmal vor, sich zu bessern und fallen hundertmal darauf herein. Sie kommen nicht vorwärts. Das macht sie müde, enttäuscht, bis sie den Kampf aufgeben. Hinzu kommt der durchaus richtige, aber oft überbetonte Hinweis, daß schon bloße Gedanken Sünde sein können, wobei auch hier sofort an sexuelle Phantasien gedacht wird. Auf diese Weise führt ein weiterer aussichtsloser Kampf gegen Verbotenes auf der intellektuellen Ebene zur Fixierung. Denn Unerwünschtes, das vehement verdrängt wird, drängt sich paradoxerweise vehement auf.

Wo keine Reflexion stattfindet über die Motive meines Handelns, bleibt auch die Veränderung aus. Das numerische Aufzählen der Sünden »Ich habe . . .« führt zu nichts. Hier muß hinterfragt werden, warum ich es getan habe. So werde ich möglicherweise feststellen, daß mein Jähzorn, meine Rechthaberei, meine Lieblosigkeiten aus der Ungeduld entspringen, die wiederum ein Mangel an Demut ist. Habe ich diese Erkenntnis erst einmal gewonnen, kann Korrektur erfolgen. Die Buße bestünde dann hoffentlich nicht nur im Aufsagen eines »Ave Maria«, sondern im Erfüllen einer sinnbezogenen Aufgabe, z. B. einem Menschen aktiv und geduldig zuzuhören.

Solche Beichtgespräche setzen beim Priester tiefenpsychologische Kenntnisse voraus. Wo Bewußtmachung gefordert ist, sollte nicht die Floskel benutzt werden: »Schließen wir alle Sünden ins Gebet ein«; denn dann sind sie manchmal wirklich eingeschlossen. Unausgesprochenes, weil Unerkanntes, kann in der Regel nicht geheilt werden. Zweifellos vergibt Gott auch unbewußte Schuld. Doch bleibt die Frage, ob der Mensch sich selber annehmen kann, wenn er ständig Fehlverhalten »einschließt«.

Die formalistische Erstarrung der so wichtigen Beichte mag ein Grund dafür sein, daß sich immer mehr Christen von ihr abwenden.

Demut meint Einsicht in seine eigenen Fehler, Trauer darüber, Bitte um Vergebung. Nur diese Triade befähigt dazu, den Menschen als den gelten zu lassen, der er ist: Ein suchender und irrender. Wer seine Schatten kennt, wird eher damit fertig.

Das klassische biblische Betätigungsfeld der Demut bewegt sich zwischen vertrauensvoller Hingabe an Gott und der Vergebungspraxis. Jesus forderte wiederholt die Versöhnungsbereitschaft als Voraussetzung zur Vergebung der eigenen Sünden. Heißt es einerseits, der Gerechte fällt siebenmal am Tag, so lautet es nun ganz theo-logisch: »Siebzigmal siebenmal sollst du verzeihen« (Mt. 18,22). Hier tun sich besonders die Männer schwer: Sie glauben, Vergebung sei Ausdruck von Schwäche, sei eine weichliche Nachgiebigkeit, die dem anderen eine neue Gelegenheit zur Beleidigung gäbe. Das ist das Ergebnis einer verkehrten Erziehung, in der Standfestigkeit mit Unnachgiebigkeit verwechselt wird, Vergebung mit Gesichtsverlust und konsequentes Handeln mit ängstlicher Sturheit. Hier kann keine versöhnliche Atmosphäre entstehen.

Noch immer gibt es kirchlich engagierte Menschen, die ihren Schatten nicht sehen oder für überwunden glauben und nun ihre Mitmenschen mit übertriebenen, frommen Forderungen belasten. Allüberall malen sie den Teufel an die Wand und schenken ihm mehr Aufmerksamkeit als Gott. Diese fundamentalistische Auffassung findet sich in manchen freikirchlichen Kreisen; sie merken nicht, daß dämonische Kräfte weniger in den von ihnen verteufelten Praktiken wie autogenes Training, Homöopathie, Marienverehrung usw. wirken als in ihrer eigenen Intoleranz, Härte und puritanischen Denkweise. Sie betreiben eine Dämo-Kratie. Gott bewahre uns vor allzufrommen Frommen und vor der Übertreibung des Gutgemeinten!

Eine junge Frau hatte eine unglückliche Ehe hinter sich und wollte sich scheiden lassen, da die Situation aussichtslos war und der Mann sie nur noch sexuell mißbrauchte. Er gab zu, ohne Liebe zu seiner Frau zu sein. Sie kam in seelische Bedrängnis und suchte einen freikirchlichen Pfarrer auf, der sie darauf hinwies, daß sie den Weg des Teufels gehen würde im Fall einer Trennung und Wiederverheiratung. Offenbar erkannte er nicht, daß sie in ihrer Ehe bereits die Hölle erlebte. Die junge Frau bekam enorme Angst- und Schuldgefühle und fiel in depressive Stimmungen. Das ganze Dorf sprach über sie. Man nannte sie eine »Hure« und verschlimmerte dadurch ihre Lage noch. Die Leute unterstellten ihr unedle Motive und bedauerten den armen Mann, der sich nach außen als Opfer gab. In dieser Verfassung kam sie zu mir. Ich riet ihr, sich zu entscheiden und das zu tun, was ihr Gewissen ihr rät. Sie war gespalten: Hier der angstmachende, von religiösen Eiferern geforderte Rückzug zum lieblosen Ehemann, dort die angstmachende, weil verurteilte Liebe zu einem anderen, sie liebenden Mann. Eine Rückkehr in die eheliche Hölle kam für sie nicht in Frage. Die auf Sexualität reduzierte eheliche Beziehung verstieß gegen sämtliche im Gewissensspiegel erwähnten Forderungen und kam einem Treuebruch gleich. Da der Ehemann nicht gewillt war, sein Verhalten zu ändern, bestärkte ich die junge Frau in ihrer Absicht, sich scheiden zu lassen und den anderen Mann zu heiraten, wohl wissend, daß sie kirchenrechtliche Paragraphen verletze. Wenn Jesus käme, würde er solches Unrecht abschaffen. Seine Äußerung, »was Gott verbunden hat, darf der Mensch nicht trennen« ist ebensowenig rigoros auszulegen wie die Äußerung von der linken Wange, die man hinhalten soll. Vielleicht hat Gott diese Bindung gar nicht gewollt. Und mit Sicherheit kann er auch entbinden.

Es ist eine bemerkenswerte Erfahrung, daß kirchlich weniger gebundene Menschen eher geneigt sind, mildernde Umstände gelten zu lassen, mehr Güte und Verständnis zu praktizieren als die kirchlich Engagierten. Ich bekomme das Gefühl nicht los, daß sich Jesus in der ersten Gruppe deutlicher abzeichnet.

schlose und formalistische Denken verführt zur Le-
neinung, die nichts mit Demut gemeinsam hat.
er möge meinen Unmut begreifen. Täglich werde
konfrontiert mit dem unnötigen Elend vieler junger und alter Menschen, die an ihren Bemühungen, ihr Leben nach bestem Gewissen zu gestalten, unterzugehen drohen, weil ihre christlichen Mitmenschen sie anders haben wollen. Die Kirche ist zwar oberster Wegweiser; doch bleibt das persönliche Gewissen — auch wenn es irrt — die höchste, verbindliche Handlungsinstanz.

Ich leide am unduldsamen Bekehrungsdruck derer, die sich für fromm und rechtgläubig halten. Ich leide an dieser Kirche, die manchmal so unbarmherzig sein kann. Ich leide als kirchlich engagierter Christ unter der Unfähigkeit meiner Kirche, ihre eigenen Verfehlungen zuzugeben und die Forderungen Jesu lebensfreundlicher zu verstehen. Schon Hadrian VI. wies auf dem Reichstag zu Nürnberg 1523 auf die Schatten der Kirche hin:

> »Wir wissen wohl, daß auch bei diesem Heiligen Stuhl schon seit manchem Jahr viel Verabscheuungswürdiges vorgekommen, Mißbräuche in geistlichen Sachen, Übertretungen der Gebote, ja, daß alles sich zum Argen verkehrt hat. So ist es nicht zu verwundern, daß die Krankheit sich vom Haupt auf die Glieder, von den Päpsten auf die Prälaten verpflanzt hat. Wir alle, Prälaten und Geistliche, sind vom Weg des Rechtes abgewichen, und es gab schon lange keinen einzigen, der Gutes tat.«

Ich bin dazu aufgerufen, das zu tun, was über diesem Kapitel steht: Fehler annehmen und vergeben. Doch sei Kritik gestattet. Sie darf nicht im Keim erstickt werden dadurch, daß im Gewissensspiegel des Gebetbuches auf Seite 140 Kritik an der »Unvollkommenheit der Amtsträger . . .« in die Nähe des Sündhaften gerückt wird. Wer die »Zugehörigkeit zur Kirche als Last empfindet« und fürchtet, dadurch »in seinem Leben gehemmt« zu werden, macht sich in dem dort erwähnten Text ebenfalls der Schuld verdächtig. Gab es nicht immer Zeiten, in denen es eine Last war, zur Kirche zu gehören? Wurde ein Friedrich Spee von Langenfeld nicht in seinem Leben gehemmt eben von jener Kirche, die unschuldige Frauen als Hexen verbrannte? Ist es nicht eine Last, als hochnäsig bezeichnet zu werden, wenn einer sich nicht in gewünschter Untertanenhaltung beugt, sondern prophetisch auftritt? »Der Prophet gilt nichts in seiner Heimatstadt«, sagte Jesus und kehrte ihr den Rücken zu.

Demut begreife ich als Mut zum Dienst in dieser Kirche trotz aller Widrigkeiten, getragen von der Hoffnung auf eine Erneuerung durch den Heiligen Geist. Mögen die Verse von Lothar Zenetti der Vergangenheit angehören:

Frage hundert Christen, was das Wichtigste in der Kirche ist,
und sie werden sagen: Die Messe.
Frage hundert Christen, was das Wichtigste in der Messe ist,
und sie werden sagen: Die Wandlung.
Sage hundert Christen, das Wichtigste in der Kirche sei die Wandlung
und sie werden sagen:
Nein. Nur das nicht. Es soll alles bleiben, wie es ist.

Sein Licht auf den Leuchter stellen

Es ist leichter, im Erfolg demütig zu sein als in der Niederlage. Wer wüßte das nicht aus eigener Erfahrung. Wie oft bezichtigen wir unseren Nächsten der Eitelkeit, nur weil er, der unter Minderwertigkeitsgefühlen leidet, ein wenig ungeschickt seine Leistungen und Erfolge rühmt. Was sich mitunter den Anschein von Eitelkeit und Hochmut gibt, ist allzuoft nur das überkompensierte Gefühl von Unsicherheit und Selbstwertmangel. Wir sollten diese psychologische Einsicht aus unserem eigenen Rollenspiel gewonnen haben. Gott allein vermag in die Herzen zu schauen; ihm allein steht das Urteil zu.

Umgekehrt gibt es die anderen, die vom Erfolg verwöhnten Mitmenschen, die ihre stille Genugtuung an den ihnen gezollten Ehrenbezeigungen geschickt zu verbergen wissen und nach außen hin Bescheidenheit zeigen.

Wir alle sind stolz. Und manchmal vermögen wir selber nicht mehr die Grenze zwischen Freude und Selbstüberhebung zu erkennen. Wir sollen sein wie Kinder, d. h. wir dürfen uns unbefangen an unseren Erfolgen erfreuen und andere daran teilnehmen lassen. Kinder gehen mit sich selbst nicht lieblos um; sie machen sich selber nicht schlecht und haben sehr schnell erfahrene Verletzungen und Mißerfolge vergessen. Sie üben die im Evangelium erwähnte Selbstliebe. Ein Geschöpf Gottes hat keinen Grund, sein Licht unter den Scheffel zu stellen, etwa aus Angst vor ablehnenden Reaktionen anderer oder aus falsch verstandener Bescheidenheit.

Wenngleich Jesus mit diesem Licht das Glaubenslicht gemeint haben mag, so dürfen wir es getrost im weiteren Sinn verstehen als das Licht unserer Gaben und Befähigungen. »In Demut ehre dich selbst und gib dir das Ansehen, das dir geziemt!« (Jes. Sir. 10,28 + 29)

Das soll nicht bedeuten, daß einer sein Licht um seiner Ehre willen auf den Leuchter stellen soll. Es heißt ja: »So soll euer Licht leuchten vor den Menschen, damit sie eure guten Werke sehen und den Vater im Himmel preisen!« Es geht also um das Lob Gottes aufgrund unserer guten Werke, nicht um das Lob unserer Person.

Ein anderer Aspekt: Es geht nicht darum, den mit weniger Gaben Ausgestatteten mit unserem Licht zu blenden, zu beschämen. Darüber sprach ich bereits. In diesem Punkt müssen wir alle die erforderliche Einfühlsamkeit üben. Ich kenne sehr viele junge Menschen, deren Erziehung so verunsichernd und bedrückend war, daß sie ihre Gaben gar nicht kennen. Sie beneiden ständig die anderen und merken nicht, daß Gott ihnen ja auch Talente geschenkt hat. Mindestens eines. Im Gleichnis von den Talenten (Mt. 25, 14 ff.) fordert Jesus uns auf, mit den Fähigkeiten zu wuchern, sie nicht zu vergraben. Ein depressives Mädchen beantwortete meine Frage nach ihren Hobbies und Begabungen mit einem traurigen Selbsturteil: »Ich bin zu nichts fähig. Mir geht alles schief; wenn ich nur wüßte, wo meine Begabungen liegen . . . !«

So denken Tausende. Dieses Mädchen hat eine Kindheit hinter sich, in der ihr alles Eigensinnige gutmeinend herausgeschimpft wurde: Laß das! Das kannst du nicht. Untersteh dich, hör auf damit! Tu etwas Vernünftiges, nur das nicht! Schau dir deine Schwester an, wie die das macht . . .

Jedes Selbstlob wurde abgeblockt, weil die Eltern glaubten, dies sei für die Entwicklung schlecht. Deshalb sparten sie mit Lob und Anerkennung. Sie fürchteten, ihr Kind könne sonst zu eitel werden, und erreichten damit eine zerstörerische Selbstverneinung, die sich — welche Ironie des Schicksals — zu einem ungesunden Ehrgeiz entwickeln kann.

Und so stellten die Erwachsenen ihr Licht auf den Leuchter; sie wollten nur das Beste, indem sie mit ihren Lebenserfahrungen, mit ihrem Können die Tochter führen wollten. Das Mädchen konnte keine Eigeninitiative entwickeln; es wurde unselbständig, unsicher und traute sich nichts mehr zu.

Die Angst, Kinder zur Eitelkeit zu erziehen durch allzuhäufige Lobesworte, ist unbegründet. In der Tat erreicht das eine an Anerkennung und Aufmunterung geizende Erziehung eher. Denn das so eingeimpfte Insuffizienzgefühl, also das Ohnmachtsempfinden, giert nach dem Ausgleich, nach dem Nachholbedürfnis, das erst in einem maßlosen Besserseinwollen erreicht ist. Stolz, Größenwahn, Angeberei, Hochstapelei haben hier ihre Wurzel. Diese Erkenntnis wird von der Geschichte bestätigt: Leute wie Hitler, Bokassa, Khomeini, Idi Amin u. a. haben in ihrer Kindheit und Jugend Demütigungen erlitten, die in ihnen Rachsucht weckten. Aber nur der autoritär erzogene Mensch produziert Rachsucht, während der partnerschaftlich Erzogene über später erlittene Demütigungen vergebend hinauswachsen kann. Auch eine Neuorientierung im Glauben, eine Hinwendung zu Gott vermag den unterdrückten Menschen zu heilen und zur Versöhnung zu rufen.

Andererseits können frühkindliche Frustrationen zu depressiven Fehlformen des Lebens führen, die nicht selten im Selbstmord enden. Hier werden die Aggressionen gegen sich selbst gerichtet.

Jeder, der mit Menschen zu tun hat, sollte sich vorsehen und nicht alles, was am anderen originell ist, für abnorm erklären. Was wäre die Welt ohne originelle = ursprüngliche Menschen!? Kopien haben wir genug. Jesus will keine Nachahmer, sondern Nachfolger. Das ist ein Unterschied. Jeder gemäß seinen Talenten. Er verlangt nicht, daß wir alle unseren Besitz verkaufen oder missionieren sollen. Er verlangt von uns die Bewußtmachung, Ausbildung und Ausübung unserer Fähigkeiten, jeder nach seiner Art.

Wenn wir dabei einen gesunden Stolz entwickeln, uns selbst vertrauen, hat das nichts mit Hochmut zu tun. Ebensowenig haben Selbstablehnung und Zweifel mit Demut zu tun. Diese Art von Selbsterniedrigung ist gewiß nicht Anliegen Jesu. Nur durch Lob und Anerkennung anderer können wir die Selbstliebe erlernen.

Der Begriff »selbst« hat im Laufe unserer Erziehung einen negativen Beigeschmack bekommen. Worte wie Selbstsicherheit, Selbstlob, Selbstbefriedigung, Selbstsucht, selbstisch verheißen nichts Positives. Nur wer selbstlos ist, darf mit Anerkennung rechnen. Doch allzuoft wird der Selbstlose sein Selbst los. Dann steckt er in einer schwerer Identitätskrise.

Ich war einmal Zeuge, wie ein junger, schizophrener Mann seinen Vater anschrie: »Du bist schuld an meinem elenden Zustand. Du hast mein Ich gestohlen!« Die hier stattgefundene Erziehung zur Selbstlosigkeit führte nicht zur gewünschten Anpassung, sondern zum Selbstverlust und damit zum Größenwahn. Dieser junge Mann tyrannisierte die Familie und spielte sich als Herrscher auf, dem alle zu gehorchen hatten.

Licht auf den Leuchter stellen heißt nicht: andere dazu zwingen, ihre Talente zu zeigen. Es gibt »gutmeinende« Erzieher, die ihr Kind unter Strafandrohung dazu nötigen, vor den Gästen seine Fähigkeiten zu demonstrieren, etwa ein Gedicht aufzusagen, ein Lied zu singen, ein Klavierstück vorzuspielen. Nicht selten ist das Kind Übertragungsfeld elterlicher Eitelkeit. Das Kind mag nicht; es geniert sich und muß nun erleben, daß die so lebenserfahrenen Erwachsenen, die offenkundig ihre eigene Kindheit vergessen haben, hilflose Kommentare geben, das Kind auslachen . . .

Alles zu seiner Zeit. Kinder sind spontan, ehrlich. Wenn sie dann mit einem selbstgemalten Bild kommen und Anerkennung suchen, werden sie oft genug abgewimmelt: »Das hast du fein gemacht. Nun geh aber schön spielen!« Wiederholen sich derartige Szenen, verliert das Kind seine Lust am Vorführen seiner Werke. Es verkümmert, oder es wird sich anderweitig Zuwendung zu verschaffen wissen, etwa durch Störaktionen. Eine tadelnde Zuwendung ist ihm dann allemal noch lieber als gar keine. Und es erfährt, daß derjenige mehr vom Leben hat, der angibt. So wird es sich aufblasen, bis es nicht mehr zu übersehen ist. Sein Licht auf dem Leuchter will weniger wärmen als blenden. Solche Menschen haben unser Mitleid verdient, nicht unsere Verachtung, da sie ja davon ausreichend genug bekommen haben.

Sein Licht leuchten lassen kann auch heißen: Seine Überzeugung leben und darlegen auf die Gefahr hin, aus der

Gemeinschaft ausgeschlossen, exkommuniziert zu werden. Wie oft sind die wirklich Erleuchteten von Irrlichtern verdrängt oder von verblendeten Armleuchtern zum Erlöschen gebracht worden! Ich sage es noch einmal: Nicht Schurken haben Jesus getötet, sondern Fromme und Gesetzestreue. Die Angst vor Wandlungen, vor dem Umdenken führt zu Verdrängungen mit oft unbarmherzigen Konsequenzen, vor allem bei jenen, die die Wahrheit fanatisch vertreten und die Worte Gottes fundamentalistisch auslegen. Ob Erzieher die Eigenart ihrer Kinder rausprügeln, weil sie sie für eine Unart halten, oder ob ein Machtapparat Andersdenkenden das Andersdenken wegfoltern will — gemeinsam ist ihnen die Unfähigkeit, das eigene traditionelle Denken in Frage zu stellen und sich selbst in Gefahr zu begeben. Wer nicht demütig ist, ist geneigt, andere demütig zu machen.

Das Gute über das Schlechte stellen

»Ich kann nicht mehr glauben. Seit der Krankheit meines Mannes ist auch mit mir nichts mehr los. Das ganze Beten nutzt nichts; ich habe keine Hoffnung mehr, keine Freude. Wenn es Gott wirklich gibt, warum hilft er nicht? Das Leben ist für mich gelaufen!«

So begann eine Frau zu klagen, und den Verlauf der weiteren fünfzig Minuten bestimmte nur noch der Satz: »Es ist alles so furchtbar; es ist alles so schlimm.«

Jedem von uns ergeht es manchmal ähnlich. Dann sehen wir nur noch schwarz und fallen wehleidig in ein depressives Loch. Ist dann irgendwann einmal das Unglück ausgestanden, stellen wir rückblickend fest, daß es durch unsere negativen Gedanken, durch die Art und Weise unserer Stellungnahme unnötig verschlimmert wurde.

Wie oft bewundern wir die anderen, die alles verloren haben und diesen Verlust erstaunlich schadlos überstehen, weil sie bei allem Mißgeschick ihren Glauben an das Gute nicht verlieren. Und wenn es der Glaube an den himmlischen Lohn ist!

Viele Fehlschläge, Erkrankungen, negative Erfahrungen werden durch unsere pessimistischen Vorstellungen nicht nur verstärkt, sondern geradezu heraufbeschworen. »Jedem geschehe so, wie er glaubt«, sagte Jesus. In der Tat: Unser Glaube vermag sowohl positive als auch negative Kräfte zu wecken, je nach Intensität und Richtung der jeweiligen Phantasien. Gedanken haben die Tendenz, sich durchzusetzen. Wer an das Gute im Verbrecher glaubt und diesen Menschen entsprechend behandelt, kann das Gute in ihm wachrufen und ihn verwandeln. Umgekehrt geschieht es leider viel häufiger: Wir sehen in einem Menschen eher Schwächen, Unfähigkeiten und behandeln ihn entsprechend. Schließlich erfüllt er unsere Erwartungen. Besonders Außenseitern und Haftentlassenen gegenüber handeln wir oft nach dem Gesetz der sich selbst erfüllenden Prophezeiung:

Ein Mensch ward schuldig; er bereute.
Gott hat verziehen. Nicht die Leute.
So wird er neu in die Bedrängnis
gebracht, und ins Verhängnis
geraten, die das angefacht,
die triumphierend dann gestehen:
»Das haben wir längst kommen sehen!«

Ein ehemaliger Schläger und Dieb aus der Frankfurter Rokkerszene, Ollie genannt, beschreibt in seiner Autobiographie »Ein Rocker kehrt um« diese verhängnisvolle Erwartungshaltung seiner Umwelt: ». . . Vielen konnte man es buchstäblich vom Gesicht ablesen, wie sie uns Menschen sahen. Ich habe die Vorurteile gegen uns Assis sehr früh mitbekommen. Wir waren gebrannte Kinder, also habe ich mich auch so verhalten, wie die mich gesehen haben«.

Jesus hat die Sünder, die sozial Ausgestoßenen stets mit Güte und Freundlichkeit behandelt. Er sah in ihnen die Geschöpfe seines Vaters und glaubte an das Gute in ihnen. Über eine solche positive Zuwendung waren die Betroffenen sehr erstaunt; sie tauten auf und waren für Umkehr bereit. Denken wir an die Ehebrecherin, die Prostituierte, den Zöllner, den Verbrecher am Kreuz.
Wie geht es uns selbst, wenn andere in uns das Gute sehen, das wir selbst schon lange nicht mehr in uns finden? Kommt da nicht der vergessene Rest einer Glut wieder zum Brennen? Werden da nicht brachliegende Kräfte wachgerufen? Wären all diese Kriminellen um uns herum rechtzeitig Menschen begegnet, die ihnen vorurteilsloses Vertrauen geschenkt und an ihre guten Fähigkeiten appelliert hätten, stünde es mit ihnen besser. Wir haben so manchen Nächsten durch unser Mißtrauen, Vorurteil und durch unsere negative Erwartungshaltung zu dem gemacht, was er geworden ist. Und doch bleibt am Ende auch in ihm ein Fünkchen Licht übrig, das eine einzige Anerkennung zum Leuchten bringen kann.
Eine andere immer wieder praktizierte Unart ist das Suchen nach alten Fehlern, das Ausräumen alter Klamotten aus den längst verstaubten Truhen unserer sündigen Vergangenheit. Wie oft beschweren sich Ehepartner über längst Vergessenes! Sie bewerfen sich mit schmutziger Wäsche und ersticken so das bißchen Licht auf dem Leuchter.
Statt zu vergessen und nach vorne zu blicken, statt die wenigen Vorzüge in der bisher gelaufenen Ehe aufzugreifen, sehen sie wie unter einem Vergrößerungsglas die Schatten des anderen. Ich meine hier nicht ein naives »Machen-wir-weiter-trotz-allem«, sondern den Versuch, offen über die Störungen zu sprechen, Korrekturen auszuprobieren und das Positive beim Partner aufzugreifen.
Allzuoft wollen wir den Nächsten nach unserem egoistischen Bild modellieren. Wir glauben, unser Licht sei heller

und schöner als das des anderen. Vor allem im Umgang mit Kindern und Jugendlichen ist es wichtig, stets die guten Seiten zu sehen, nicht so sehr das unerwünschte Verhalten (oder das, was wir als negativ interpretieren) zu betonen und durch Drohungen, Liebesentzug, Bestrafungen in den Mittelpunkt zu rücken.
Eine Mausfamilie sammelte eifrig Körner vom abgeernteten Feld. Sie mußten für den Winter vorsorgen. Nur die Maus Frederik lag in der Sonne. Die anderen Mäuse ärgerten sich darüber und sagten ihr das. Sie aber meinte: »Ich sammle Sonne.« Der Winter war da und wollte kein Ende nehmen. Die Vorräte waren aufgebraucht. Sie wußten sich vor Hunger nicht zu lassen. Da fing die Maus Frederik an, so begeistert von der Sonne und der Wärme und den Farben zu erzählen, daß alle ihren Hunger vergaßen und von dem kommenden Sommer träumten.
Wir haben die Wahl, über den Regen draußen zu schimpfen oder über ihn dankbar zu sein, weil er dafür sorgt, daß man drinnen bleiben muß und so miteinander spricht. Wir haben die Wahl, über die andersdenkenden Jugendlichen uns aufzuregen oder ihren Mut zur Eigenständigkeit zu loben.
Es gibt genügend Beispiele aus unserem eigenen Leben, die zeigen, daß unsere besten Bemühungen manchmal falsch verstanden werden. Hier gilt es, Demut zu üben, indem wir Ablehnung hinnehmen statt lautstark auf unsere edle Gesinnung zu pochen. So was kann weh tun: falsch verstanden zu werden, ungerechte Vorwürfe einzustecken. Wenn wir davon ausgehen, daß der Mißverstehende auf dem Gebiet seiner Anklage oder Kritik selber ähnliche Probleme hat, fällt uns sein Mißverstehen leichter. Elisabeth von Thüringen wurde mehr als einmal angeprangert, weil sie wertlose religiöse Opfergaben darbrachte, die einer Fürstin nicht geziemten. Man warf ihr Geiz vor. In Wahrheit wollte sie die anderen Opferspender nicht mit reichen Opfergaben beschämen. Sie zog Schlichtheit vor. Während sie

auf den Altären kleine Flachsbündel und etwas Weihrauch spendete, war sie bereit, den Armen auf den Straßen ihren ganzen Besitz zu verschenken. So warfen ihr die einen Geiz vor, die anderen Verschwendung. Was immer sie tat, war in den Augen ihrer Gegner falsch. Sie gewöhnte sich daran und legte keinen Wert darauf, geachtet und mit Kniebeugen geehrt zu werden, wie es bei Hofe Sitte war. Sie übte sich in der Demut, ohne je die Selbstachtung zu verlieren.

Es gibt jedoch auch fromme Verhaltensformen, die weniger erbauen als beschämen: So ist bekannt, daß Franz von Assisi einmal einem Mitbruder geraten hat, während der Fastenzeit sein Fasten zu unterbrechen, wenn er jemanden zu Gast bei sich hat. Er sollte diesen Gast nicht dadurch beschämen, daß er ihn allein das Glas Wein trinken und den Braten essen ließe. Diese menschliche Einfühlsamkeit und Rücksichtnahme war ihm wichtiger als die starre Befolgung eines freigewählten Gebotes. Es geht also darum, das Gute nicht durch blinde Regeltreue zu entwerten. Schon Therese von Avila warnte vor der Übertreibung des Guten. Zur Demut gehört wesentlich der Verzicht darauf, andere mit seinen vorbildlichen Verhaltensformen belehren, tadeln oder beschämen zu wollen. Also: Stell das Gute über das Schlechte, aber mach dich damit nicht groß, damit auch das Gute im Nächsten zum Leuchten kommen kann.

Bei aller Kritik an der Kirche überwiegt doch das Lobenswerte in ihr. Ich erinnere an die weltweiten kirchlichen Hilfsaktionen, an die Opferbereitschaft unzähliger Priester, Schwestern und Laien, an die großen Bemühungen, Menschen aller Rassen und Farben zusammenzuführen. Ich erinnere an die vielen kleinen Aktionen zugunsten behinderter, armer, arbeitsloser und kranker Mitmenschen ungeachtet ihrer kulturellen, sozialen und politischen Herkunft. Von vielen karitativen Einsätzen wissen die meisten Menschen gar nichts; die eigentliche Arbeit der Liebe bleibt im Verborgenen.

Gewiß gibt es Fehlzündungen, Irrlichter, erloschene Flammen in der Kirche. Jesus hat nie eine unfehlbare Gemeinschaft beabsichtigt; sonst hätte er diesen impulsiven Petrus, der ihn verleugnete, nicht zum Nachfolger bestellt. Er läßt mit dem Weizen auch die Spreu wachsen. Über allem bleibt das Motiv unseres Handelns entscheidend. Auch eine Mutter, die aus vermeintlicher Liebe ihre Kinder verwöhnt und dabei mehr zerstört als aufbaut, darf mit der Güte Gottes rechnen. Sie glaubte, in Liebe gehandelt zu haben. Der kleinste Funke Liebe kann alle bösen Taten eines irrenden Menschen aufwiegen und das für sein Heil notwendige Licht am Brennen erhalten.

Im Märchen vom Zwiebelchen wird erzählt, wie eine alte Frau starb, ohne je in ihrem Leben etwas Gutes getan zu haben. Das aber konnte Gott nicht glauben. Und so ließ er einen Engel nachforschen, ob denn nicht irgend etwas Gutes im Leben dieser Frau zu finden sei. So kam es heraus, daß sie irgendwann jemandem ein Zwiebelchen geschenkt hatte. Sie sollte mit diesem Zwiebelchen aus der Hölle befreit werden, sofern es stark genug sein würde, die alte Frau zu tragen. Und tatsächlich zog das Zwiebelchen die Frau empor. Aber da hängten sich natürlich auch alle anderen in der Hölle an sie, um mit ihr herausgetragen zu werden. Und da sie nun Angst hatte, das Zwiebelchen könnte die Last nicht tragen, schüttelte sie alle ab. Deswegen hielt das Zwiebelchen nicht, und sie fielen alle hinunter. Tröstlich und bedrohlich zugleich. Wer seinem Nächsten die Teilhabe an seinen Erfolgen und Gaben verweigert, handelt egoistisch. Wer teilt, muß allerdings auch damit rechnen, daß sich unter den Beschenkten Schmarotzer finden, die wir nicht immer erkennen können. Es ist daher für unsere seelische und spirituelle Gesundheit wichtig, zunächst einmal an das Gute zu glauben, in uns, im Nächsten, in den Umständen, auch wenn sie noch so unheilvoll erscheinen mögen. Davon ist das gesunde Mißtrauen, die schützende Vorsicht abzugrenzen, die nicht dem anderen schaden, sondern mich vor Unheil bewahren soll. Jene Dame, die ich eingangs zitierte, muß lernen, umzudenken. Nichts ist so schrecklich, so furchtbar, so katastrophal, daß es keine Erlösung mehr gäbe! Das Unheil ermöglicht oft erst das Heil. Im letzten Stadium der Ohnmacht vermag nur noch der Blick auf Jesus zu retten, der das Licht der Welt ist und unsere Dunkelheit erhellt.

Der demütige Mensch ist ein humorvoller Mensch. Humor ist der Bruder der Demut. Er meint nicht die Fähigkeit, Witze zu erzählen oder eine Gesellschaft in Stimmung zu bringen. Er ist vielmehr die Gabe, über den Dingen zu stehen und auch den widerwärtigen Situationen im Leben ein Quentchen Komik abzugewinnen. Humor ist eine christliche Tugend; denn sie weiß sich getragen von der Liebe Gottes und bewahrt den Menschen vor Selbstmitleid, vor Wichtigtuerei und angstvoller Absicherung. Sie trennt nicht zwischen religiösen und weltlichen Handlungen, sondern verbindet sie, da sie in Wahrheit keine verschiedenen Handlungen sind.

Der humorvolle Mensch weiß um den Sieg des Guten: Er erkennt klar seine eigenen Grenzen und kann aus dieser bescheidenen Lage heraus seinen Dienst tun. Fast alle Patienten, vor allem die Depressiven unter ihnen, müssen lernen, ihrem Leben und ihrer Person das Positive abzuringen; andernfalls bleiben sie mutlos und dunkel. Demut setzt Zuversicht voraus, bejahende Denkweise. Ich selbst erfahre berufsbedingt überwiegend Leidvolles. Freunde fragen mich gelegentlich, wie ich es schaffe, trotzdem heiteren Gemüts zu sein; immerhin sei bekannt, daß die Selbstmordrate unter den Sozialberufen sehr hoch sei. Meine Antwort: Ich glaube an den positiven Ausgang der Dinge. Ich glaube an die größere Macht des Guten und an Jesus Christus, der das Böse überwunden hat. Ich glaube, daß das Unheil prüfenden, stärkenden und nicht so sehr strafenden Charakter hat; denn Gott ist ein geduldiger, vergebender Gott.

Seine Bedürfnisse verteidigen und notfalls »Nein« sagen

In falsch verstandener Selbstverleugnung oder aufgrund einer unterdrückenden, emotional hemmenden Erziehung verdrängen immer noch zuviele Menschen ihre elementaren Empfindungen und Bedürfnisse. Ob einer seinen Verzicht auf Ehre und materiellen Besitz gegen familiäre Bedenken durchsetzt (wie z. B. Elisabeth von Thüringen, Franz von Assisi) oder ob einer um seinen Thron kämpft, weil er darin einen Auftrag Gottes sieht (wie z. B. die philippinische Oppositionsführerin Corazon Aquino), beide handeln zunächst einmal nach dem Grundsatz der Selbstliebe und Selbstverwirklichung.
Elisabeth von Thüringen hatte alle Mühe, gegen den Willen des Hofes ihre Bedürfnisse nach einem einfachen Leben im Dienst der Armen und Kranken durchzusetzen. Sie mußte immer wieder ungehorsam sein und zog sich den Ärger ihres Beichtvaters und den Spott der Leute zu. Es war eben der Wille Gottes, sagen wir heute. Kann es nicht auch der Wille Gottes sein, daß ein Mensch um seinen »Thron« und ihm zustehende Rechte kämpfen muß? Wieso sind allein Verzicht und Entsagung von vornherein schon gottgewollt? Hat Jesus nicht auch legitime Ansprüche erhoben? »Nicht Opfer will ich, sondern ein demütiges Herz!« Demut muß nicht Entsagung bedeuten; es kann auch das ehrliche Bemühen um Positionen meinen, die zum Guten des Nächsten benutzt werden.
Gott gab uns eine reichhaltige Palette von Gefühlen und Möglichkeiten zur Selbstentfaltung. Unsere Pädagogik scheint aber in weiten Teilen immer noch nicht begriffen zu haben, wie sie die unangenehmen Empfindungen Wut, Ärger, Schuld, Trauer und Enttäuschung als wichtige Ausdrucksmöglichkeiten in die richtige Bahn lenken soll.
Im Namen eines falschen Gehorsamsbegriffs sollen Kinder ihre Aggressionen beherrschen, was allzuoft ein Unter-

drücken meint. Sie sollen sich unterordnen und den Eltern möglichst keine Mühe machen. Trotz und Anpassungsverweigerung werden als Inbegriff von Frechheit mißverstanden und mit unverhältnismäßig aggressiven Mitteln bestraft. Viele Erwachsene sehen ihre Autorität in Frage gestellt, wenn ihre Kinder eigene Wege gehen und Widerspruch äußern. Sie nennen sie »ungezogen« und vergessen, daß sie ja selbst sie ungezogen haben. Doch ist meist diese vermeintliche Ungezogenheit Ausdruck eines eigenen Willens, der durchbricht angesichts eines Widerstandes.

Sie haben nie gelernt, sich selbst in Frage zu stellen und das, was sie ungeprüft übernommen haben, kritisch zu beleuchten. Hierin übte sich Jesus, wenn er gelegentlich die traditionelle Denkweise angriff: »Euch wurde von den Alten gesagt . . ., ich aber sage euch . . .«, wobei es gleichgültig ist, ob überkommene Regeln gemildert oder verschärft wurden. Zwar ist die Erzählung vom weggelaufenen Jesus eine fromme Legende; doch zeigt sie uns ein Bild von Jesus, das nach damaliger Auffassung sehr wohl zu ihm paßte. Das frühe selbständige Handeln, das sich selbst verwirklicht gemäß den Gaben, die Gott gibt, wird hier angedeutet. Vor allem: Er wollte nur Gott dienen. Jesus lebte generell im Widerspruch zu seiner Zeit. Ein solches Handeln erfordert Wagemut, der hier zugleich Ausdruck von Demut ist. Er tat den Willen seines himmlischen Vaters. So widersetzte er sich dem damaligen Rechtsempfinden und stieß die Priesterschaft vor den Kopf. Auch von seinen Freunden verlangte er diese »Zivilcourage« als ein weiteres Zeichen von Dien-Mut.

Wenn Menschen einander zu manipulieren versuchen, so ist es nur verständlich, daß sich Widersprüche erheben. Wo aber erpreßter Gehorsam als Inbegriff einer braven, dienmütigen Gesinnung gilt, entsteht am Ende die Verdrängung eigener Bedürfnisse. Damit wachsen zugleich Depressionen, Schuld- und Angstgefühle, Aggressionen, raffinierte Täuschungsmanöver.

Patienten mit verdrängten, nicht mehr bewußten Empfindungen, mit Wut gegen ihre autoritär erlebten Eltern, überhäufen die Praxen von Psychologen und Ärzten. Es sind meist religiös orientierte, im Gottesbild verunsicherte Menschen, die angesichts unkontrolliert aufbrechenden, dennoch berechtigten Zorns Schuldgefühle bekommen. Die wünschenswerte Ehrfurcht vor der Autorität ihrer Vorgesetzten oder Arbeitskollegen wurde durch eine intolerante, bedrohliche Erziehung zur neurotischen Angst verwandelt. Sie können nicht ›nein‹ sagen, wenn andere sie um Gefälligkeiten bitten, selbst dann nicht, wenn sie total überfordert sind. Sie brauchen die Anerkennung der anderen, da sie als Kind schon gelernt haben, Liebe ist nur durch Leistung zu erkaufen. Leistung bedeutet Jasagen, auch gegen seinen Willen. Und so leiden sie an ihrem Unvermögen, eigene Wünsche zu äußern aus Angst vor Ablehnung, aus dem Irrtum heraus, dies sei egoistisch. Sie verstehen unter Selbstliebe die egozentrische Erfüllung eigener Wünsche, das Reden von ihren Problemen. Sie verwechseln die von Jesus geforderte Selbstliebe mit Egoismus. Ein gesunder Mensch wird auch »nein« sagen, Bitten anderer abschlagen, »ungehorsam« sein. Die zu Hause erlebte Autorität war stets begründet worden mit der Berufung auf das vierte Gebot. Es täte gut, einmal an Epheser 6, 4 zu erinnern, wo Paulus schreibt: »Ihr Väter, reizt eure Kinder nicht zum Zorn!«

Wenn es Jesus zuviel wurde, entzog er sich den Blicken der Leute und verschwand in den Bergen oder jenseits des Sees. Er war alles andere als »brav«; allein Gott diente er. Das Verhängnisvolle in unserer Erziehung ist, daß wir jeden Widerspruch gegen irdische Autoritäten mit einem Aufstand gegen Gott selber gleichsetzen: »Warte nur, Gott wird dich strafen!« –

Wieviele Menschen leiden unter dieser Höllenangst! Die geringsten Auseinandersetzungen mit dem Partner, mit Freunden oder Kollegen bereiten diesen depressiven, angstneurotischen Mitmenschen schlaflose Nächte. Sie grübeln über ihr Versagen nach und bitten Gott hundertmal um Vergebung. Doch ihr tatsächliches Versagen besteht in nichts anderem als darin, sich ihre eigenen Bedürfnisse zu versagen und am Leben vorbeizuleben.

Eine Mutter will endlich einmal Urlaub machen. Ihr Mann wimmelt sämtliche Versuche in dieser Richtung ab. Er weist auf die finanziellen Engpässe hin, bedingt durch Hausbau und Kinder. Die zunehmenden Migräneanfälle und Verdauungsstörungen seiner Frau begreift er nicht als Signale körperlicher Erschöpfung. Sie hat schon lange nicht mehr die Kraft, ihren Wunsch durchzusetzen. So schluckt sie weiterhin, bis der Arzt ihr aufgrund weiterer psychosomatischer Störungen eine Kur verschreibt.

Ein Gespräch in meiner Praxis legte offen, daß sie schon als Kind lernen mußte, sich dem Vater unterzuordnen. Für ihre Mutter waren Fleiß, Ausdauer und Unterwerfung die höchsten Tugenden gemäß den Paulinischen Worten: »Die Frauen seien den Männern untertan wie dem Herrn!« (Eph. 5, 22) Hier wurde Paulus wieder mal gründlich mißverstanden und lebenseinengend gedeutet. Die Folgen sind bekannt; ein solcher Untertanengeist hält das, was andere von ihm denken, für ungeheuer wichtig; seine Selbstdemütigung ist auf die Anerkennung durch andere angewiesen; eine Ablehnung wäre furchtbar.

Mit dieser Gesinnung leben Generationen von Menschen, die den Satz »Was denken denn die Leute von mir?« zum alles bestimmenden »Leid-Faden« in ihrem Leben gemacht haben. Wichtig ist allein, was Gott von mir denkt. Die vor den Menschen gespielte Rolle des angepaßten Bescheidenen ist vor Gott nichts wert, wenn ich mit dieser Bescheidenheit gottgegebene Fähigkeiten vergrabe und mich mit dem Minimalen bescheide.

Die heilige Therese von Avila hat ein Leben lang die Anpassung an menschliche Forderungen und Rollenerwartungen verweigert. Sie war ungehorsam. Es interessierte sie nicht, was andere von ihr dachten; ebenso Therese von Lisieux, die gesagt hat: »Mit den Menschen, die wir führen, müssen wir aufrichtig sein und ihnen sagen, was wir denken. So habe ich stets gehandelt. Wenn ich deshalb nicht geschätzt werde, so ist mir daran nichts gelegen, denn ich suche nicht die Wertschätzung. Niemand möge zu mir kommen, der die volle Wahrheit nicht hören mag.«

Fast alle Heiligen zeichneten sich dadurch aus, daß sie originell lebten und sich dafür Ablehnung einhandelten bei ihren eigenen Glaubensgenossen. Demütige Menschen sind nicht darauf aus, bewundert und geliebt zu werden. Der Mut zum Dienen bedeutet nicht: das tun, was andere befehlen. Solche Abhängigkeit kann eher Passivität, Bequemlichkeit, Flucht vor der eigenen Verantwortung und Verfehlung der Selbstentfaltung bedeuten. Der Mensch wird viel häufiger schuldig in dem, was er nicht tut, als in dem, was er tut.

Die Voraussetzung für echte Demut und Ergebung ist die Möglichkeit, hochmütig sein zu können. Erst wo es freie Entscheidung gibt, wird Sünde möglich. Jemand, der stets klein gehalten wird und gegen seinen Willen Verzicht üben muß, kann die wahre, selbstgewählte Demut erst dann leben, wenn er aus der Not eine Tugend macht und jene Unterdrückung Gott aufopfert. Er kann im Herzen die äußeren Umstände durch Gottergebenheit verwandeln.

Sich Gott ausliefern

Das einfachste Rezept für ein befreites, erleuchtetes Leben ist das Sichausliefern an Gott, das völlige Loslassen angsterfüllter Bindungen und irdischer Sehnsüchte. Das meint nicht ein Verzichtenmüssen auf die Annehmlichkeiten des Lebens, sondern: weniger Eigenregie, mehr Gottesregie.

Das Hauptproblem in unseren Entscheidungen ist unser Hang, alles selber machen zu wollen aus Angst, es könne sonst schiefgehen. Der Gedanke, daß Gottes Wille geschehen möge, weckt in uns immer noch Ängste und Zweifel an der Macht und Lebensbejahung Gottes. Tatsächlich aber gehen die Dinge gerade dadurch schief, daß wir Gott zuwenig einlassen, weil wir der Meinung sind, er wolle das Gegenteil dessen, was ich will. Unser Licht flackert unruhig, droht in der hektischen Lebensweise zu ersticken; das Selbermachenwollen kostet ungeheure Energien, Absicherungsmanöver, Versagensängste.

Auch das ehrliche Bemühen um sittliche Korrektheit wird ohne das Befragen und Befolgen des göttlichen Willens zu einem freudlosen, verkrampften Kampf. Das mag auch erklären, warum die tadellos erscheinende Lebensform vieler Christen so wenig überzeugend und ansteckend ist. Sie versuchen die Heiligkeit zu sehr in eigenmächtiger Weise zu realisieren; Gott ist zwar ihr Gesprächspartner im Gebet, nicht jedoch ihr Wegführer. Wirkliche Heilige strahlen Menschlichkeit aus, nicht Heiligkeit. Sie lieben ihr Leben als ein Geschenk Gottes, leben maßvoll und übergehen mitunter Gebote, wenn es die Liebe erfordert.

»Ordnung muß sein«, »Wo kämen wir hin, wenn das alle täten« und »Gesetz ist Gesetz« sind Sprüche aus dem Mund angstvoller Vollstrecker von Paragraphen, ohne Mut, den jeweiligen menschlichen Anliegen gerecht zu werden. Sie verschanzen sich hinter Vorschriften und vermeiden so eigene Entscheidungen aus Angst vor Sanktionen. Heilige tun sich nicht so schwer; sie achten die göttlichen Gebote für höher als die von Menschen gemachten Gesetze. Sie spüren auch genau, wann die Liebe die Verletzung einer Regel erfordert. Sich dem Hilflosen in unbürokratischer Weise zuwenden heißt sich Gott zuwenden; denn »was ihr dem Geringsten tut, tut ihr mir«.

Sie wissen sich von Gott getragen und überlassen ihm sämtliche Sorgen, vergangene Fehlentscheidungen, künftige Pläne. Nicht, daß sie passiv wären. Sie sind wie Kinder vor Gott, die sich absolut seiner Führung sicher sind. Geht etwas schief in ihrem Leben, so bleiben sie nicht in negativen Grübeleien, Selbstvorwürfen oder Zorn stecken. Sie registrieren es und blicken weiter nach vorn, »denn wer die Hand an den Pflug legt und zurückschaut, ist untauglich für das Reich Gottes«, sagt Jesus (Lk. 9,62).

Demut ist mit Wagemut verbunden; die Einsatzbereitschaft für Gottes Reich riskiert auch den persönlichen Mißerfolg, Beleidigungen, Verfolgung. Sie hebt also das Kreuz nicht auf, sondern macht es allenfalls erträglicher. Wer seine erlittenen Demütigungen ebenso hinnimmt wie vorübergehende Kopfschmerzen, ist auf dem rechten Weg.

Unser Herz bleibt trotz Anstrengung oft unerfüllt, weil es nicht ungeteilt lieben kann. Liebe meint Bejahung des Lebens in all seinen Konflikt- und Grenzerfahrungen; meint Treue zu Gott auch in Zeiten persönlicher Krisen und geistlicher Trockenheit. »Die Vollkommenheit in der Liebe erscheint mir als etwas ganz Einfaches. Ich sehe, es genügt, sein eigenes Nichts zu erkennen und sich wie ein Kind in die Arme Gottes zu werfen. Sobald er uns recht durchdrungen sieht vom Gefühl unserer Nichtigkeit, reicht er uns auch schon die Hand. Wollen wir aber Großes unternehmen — sei es auch unter dem Vorwand des Guten — dann läßt er uns allein stehen. Es genügt also: sich immer klein zu fühlen und im Frieden seine Fehler zu ertragen. Das ist wahre Heiligkeit.« (Th. von Lisieux)

Wenn wir manchmal mit nichts in der Welt zufrieden sind, hat das seinen Grund darin, daß wir den Willen Gottes zu sehr in unsere eigenen Wunschvorstellungen übertragen. Wir sehen allzugern unsere Pläne als Pläne Gottes an, nicht umgekehrt. Das Unheil in der Welt liegt darin begründet, daß wir zu wenig den Willen Gottes tun. Das habe ich in meinem letzten Buch »Lebensängste und Begegnung mit Gott« eingehend beschrieben.

Es sind nicht so sehr die problematischen Mitmenschen oder die leidigen Umstände, die uns so sehr zu schaffen machen, vielmehr liegt es an unserem Mangel an Gottvertrauen und demütiger Hingabe. »Begegnet einander alle in Demut! Denn Gott tritt den Stolzen entgegen, den Demütigen gibt er Gnade. Beugt euch unter der mächtigen Hand Gottes, dann wird er euch erhöhen, wenn die Zeit gekommen ist. Werft all eure Sorge auf ihn, denn er sorgt für euch.« (1 Petr. 5, 5b-7)

Ich gestehe offen ein, daß ich es noch nicht geschafft habe, in allen Bereichen meines Lebens Gott einzulassen. Es geht zwar schon besser als vor zwanzig Jahren, aber diese hochmütige und sich oft als großmütig tarnende Eigenmächtigkeit bricht immer wieder durch. Gott ist geduldig; er drängelt nicht. Das gibt mir Zuversicht, weiterzukommen und ihm alles ohne Ausnahme zu übergeben.

Eltern, die mehr als nur religiöse Formalitäten einhalten, mehr als Tischgebet und Sonntagsgottesdienst praktizieren, die mit ihren Kindern beten, die sich für ein ungerechtes Verhalten voreinander entschuldigen, die Gott bewußt in die Erziehung und in ihr Leben miteinbeziehen, leben ihren Kindern Demut vor, wahrscheinlich ohne es zu wissen. Kinder, die an ihren Eltern einen festen Glauben erfahren, besonders in leidvollen Situationen, die jene Gelassenheit in Krankheit und Not spüren, wie sie nur tiefgläubige Christen haben können, bekommen die beste religiöse Orientierung für ihr Leben mit. Solche Kinder werden nicht bei falschen Propheten ihr Heil suchen; sie werden nicht sinnleer durch ihr Leben laufen; sie werden in ihren Krisenzeiten und »Wüstenerfahrungen« näher zu Gott rücken und auch im Zorn nicht von ihm lassen.

Die Auslieferung an Gott bedeutet: Zuerst sein Reich suchen und nicht sorgenvoll um Absicherungen bemüht sein. Das Streben nach Glück im Sinn von Besitz, Genuß, Freizeit und Geltung macht nicht glücklich, sondern nur das Verschenken seiner Zeit und Kraft an die, die es brauchen. Die praktizierte Feindesliebe ist ein wichtiger Erweis der Demut und Großmut gegen den, der Unrecht tut, der schuldig geworden ist. Dafür darf der Christ Lohn von

Gott, nicht von den Menschen erwarten. Wenn jedoch eine aufopferungsvolle Seele die Bemerkung macht, sie tue dies alles nur aus Liebe zu Gott und nicht aus Liebe zu den Menschen, so wird hier der Akt der Liebe amputiert. Denn die Liebe zu Gott zeigt sich zunächst einmal und in der Hauptsache in der Liebe zu den Menschen.
Sich Gott ausliefern heißt: Sorglos lieben, was er gibt und tut, weil »ohne ihn kein Haar vom Haupt fällt«.
Ich möchte den ersten Teil des Buches abschließen mit den Versen 3-5 aus dem Psalm 37:

»Hoffe auf den Herrn und tue Gutes; bleibe im Lande und nähre dich redlich. Habe deine Lust am Herrn; der wird dir geben, was dein Herz wünschet. Befiehl dem Herrn deine Wege und hoffe auf ihn; er wird's wohl machen.«

Wir haben festgestellt, daß entgegen der Forderung Jesu die Tugend der Demut immer noch zu sehr mit Unterwürfigkeit und Widerspruchslosigkeit verwechselt wird. In diesem Sinn erziehen viele Erwachsene ihre Kinder. Blinder Gehorsam und übertriebenes Pflichtbewußtsein können jedoch sehr schlimme Konsequenzen für alle Beteiligten haben, wie uns das Hitlerregime in erschreckender Weise bewiesen hat und wie es heute noch in zahlreichen staatlichen, familiären, ehelichen und religionssektiererischen Gemeinschaften gelebt wird.
Rudolf Höß, Sohn eines fanatischen Katholiken, ließ Tausende von Menschen in Auschwitz vernichten. Warum? Er schreibt in seinen Aufzeichnungen: »Von meinen Eltern war ich so erzogen, daß ich allen Erwachsenen und besonders Älteren mit Achtung und Ehrerbietung zu begegnen hätte, ganz gleich, aus welchen Kreisen sie kämen . . . Ganz besonders wurde ich immer darauf hingewiesen, daß ich Wünsche oder Anordnungen der Eltern, der Lehrer, Pfarrer usw. unverzüglich durchzuführen hätte und mich durch nichts davon abhalten lassen dürfte. Was diese sagten, sei immer richtig. Diese Erziehungsgrundsätze sind mir in Fleisch und Blut übergegangen.«
Eine Erziehung, die kindlichem Trotz und jugendlicher Eigenständigkeit keinen Raum gibt, entartet zu einer Dressur, in der sich reingeprügelte oder reingeschimpfte Denkweisen derart festsetzen können, daß eine vollständige Änderung dieser Denkweise der besten Therapie nicht gelingt. Wir müssen deshalb darauf achten, daß wir die Eigen- und Einzigartigkeit eines Menschen erkennen und ausbilden, daß wir zu einer befreienden und freigewählten Demut erziehen, die Verzichtfähigkeit am richtigen Platz und Selbstachtung meint. Über die Handhabung einer solchen Erziehung habe ich im Erziehungskursbuch »Heute ich — morgen du« ausführlich geschrieben.

Wir haben weiterhin festgestellt, daß nur originelle, d. h. sich selbst bejahende und großmütige Menschen konfliktfähig sind, also ein Gespür haben für das Maß und den Zeitpunkt der Selbstverleugnung, Unterordnung, des Schweigens und des Widerstandes.
Diese Konfliktfähigkeit ermöglicht erst die Fähigkeit zum Neinsagen oder zum schweigenden Hinnehmen von Verleumdungen und Intrigen. Sie macht auch die demutsvolle und sachliche Erkenntnis möglich, daß wir aus eigener Kraft keine heile Welt schaffen können, sondern nur durch die Gnade Gottes.
Im nun zweiten Teil will ich anhand von Beispielen die negativen Erscheinungsformen einer falsch verstandenen Demut noch ausführlicher darlegen und ihre tiefenpsychologischen Hintergründe aufzeigen.

Sich ablehnen und schlecht machen

Inzwischen dürfte es klar sein, daß die so häufig praktizierte Selbstablehnung weder im Sinn Jesu ist noch dem Betreffenden zum Heil gereicht. Warum aber hat die gesellschaftlich so laut geforderte Selbstdemütigung einen so hohen Stellenwert? Ist vielleicht doch ein Gewinn mit ihr zu machen? Ein Gedicht von Wilhelm Busch mag uns hier weiterhelfen:

Die Selbstkritik hat viel für sich,
gesetzt den Fall, ich tadle mich;
so hab' ich erstens den Gewinn,
daß ich so hübsch bescheiden bin,
zum zweiten denken sich die Leut':
Der Mann ist lauter Redlichkeit.
Auch schnapp' ich drittens diesen Bissen
vorweg den and'ren Kritiküssen.
Und viertens hoff' ich außerdem
auf Widerspruch, der mir genehm.

So kommt es dann zuletzt heraus,
daß ich ein ganz famoses Haus.

Aha! Wer sich erniedrigt, wird erhöht. Gewiß meinte Jesus damit keine Strategie zum »Fishing for compliments«. Dieses versteckte Spiel um Anerkennung ist keine tatsächliche Selbstablehnung, eher ein taktisches Manöver des Selbstlobs durch Fremdbestätigung. Wer wirklich nichts von sich hält, kommt auch mit den bestgemeinten Worten eines anderen nicht weiter.

Auffallend bei Selbstkritikern ist ihr penetranter Hang, keinen Widerspruch zu dulden, wenn es um die Darstellung ihrer Mängel geht. Es scheint manchmal, als ob sie ihr negatives Selbstbildnis brauchen, um Fehler zu entschuldigen: »Ich bin ein Nichts. Ich kann das nicht. Alles mißlingt mir. Also verlange so etwas nicht von mir!«

Oder sie schildern mit wehleidiger Miene, wie erfolglos sie nach Freunden Ausschau halten, nicht merkend, daß sie durch sprachliche Modulation, durch Mimik und Gesamtverhalten potentielle Freunde von sich fernhalten. »Bleib weg von mir; es lohnt sich nicht, mit mir Freundschaft zu schließen; ich werde dich sowieso enttäuschen; denn ich bin nicht liebenswert.« Der andere deutet die verschlüsselte Ablehnung als persönliches Desinteresse an seiner Person und beendet den Kontakt. Jetzt bleibt dem Verlassenen nur noch der Triumph: »Siehst du, ich habe gewußt, daß es mal wieder nicht klappen wird, wie immer!«

»Denn schreckte mich ein Schrecknis, alsdann traf es mich; wovor mir graute, das kam über mich« spricht Hiob (3,25) und deutet damit an, daß Erwartungshaltungen Wirklichkeit werden können.

Was andere nun für ein bescheidenes, stilles Auftreten oder für eine billige Suche nach Komplimenten halten mögen, hat meist eine tieferliegende soziale Funktion. Indem sich ein Mensch selber schlecht macht, drückt er möglicherweise Bequemlichkeit oder Ärger aus. Entweder will er keine

Verantwortung übernehmen und signalisiert mit seiner Ablehnung Leistungsunfähigkeit, oder er weist unbewußt auf eine sehr hohe Leistungsbereitschaft hin, an die kein anderer heranreicht.
Hier verbirgt sich Hochmut über den eigenen, doch von ihm selbst unerreichbaren Leistungsanspruch. Er handelt nach dem Motto: Wenn ich schon nicht dem gesellschaftlich erwarteten Niveau gerecht werden kann, so halte ich mich von vornherein für unfähig (und sage das auch laut), um einem möglichen Versagen vorzubeugen.
Das Abwerten eigener Leistungen weist also in diesem Fall auf das eigene, überhöhte Anspruchsniveau hin. Der Hochmut besteht darin, daß er sich über alle Fehler erhaben dünkt, daß er eigentlich noch mehr leisten könnte, wenn nur diese negative Selbsteinschätzung nicht im Weg stünde. Ein paradoxes Phänomen. Anders ausgedrückt: Vor seinem elitären Anspruch kann niemand bestehen, nicht einmal er selber.
Ein anderes Motiv für die geringschätzige Selbstkritik liegt im Verlangen nach Selbstbestrafung. Darüber werde ich in einem späteren Artikel mehr sagen.
Eine Dame hält sich für wenig attraktiv, obgleich sie objektiv betrachtet keinen Anlaß dazu hätte. Im Gespräch kommt zutage, daß sie sich mit der ständigen Herabsetzung ihrer Person vor einem möglichen Fremdgehen schützen will. Da ihre Ehe nicht gut läuft, wächst in ihr der Wunsch nach einem Seitensprung. Den aber versucht sie mit Hilfe eines angeknacksten Selbstbewußtseins unmöglich zu machen.
Auch Jugendliche setzen ihr Äußeres oft herab, obgleich sie dazu keinen Grund hätten. Diese Herabsetzung zwingt sie zur Einschränkung ihrer Kontakte und somit zur Verhinderung einer möglichen, befürchteten Ablehnung.
Vor wenigen Minuten verließ ein junges Mädchen meine Praxis. Es klagte über seine Einsamkeit und war nicht imstande, auf meine Bitten hin sich selbst einmal positiv zu

charakterisieren. Sie hatte ein angenehmes Äußeres, und jedermann hätte wahrscheinlich geschworen, daß sie sich der vielen Verehrer kaum erwehren könne. Ihre Angst vor den Erwartungen, die ein Freund an sie stellen könnte, war der wahre Grund für ihre ablehnende Haltung. Nach außen hin gab sie persönliche Mängel vor.

Andererseits können Selbsterniedrigung und eine geringe Leistungserwartung eine Strategie bedeuten, die vom Geringsten und Schlimmsten ausgeht, um dann in jedem Fall angenehm enttäuscht zu werden. Es kann bei einer solchen Denkweise alles nur besser werden. Wer sich vorsorglich selber herunterputzt, schützt sich gegen seelische Verletzungen durch andere. Und wer so bescheiden wirkt, darf mit Sympathie, d. h. Mitleid rechnen. Solches Verhalten ist egoistisch, weil es um die eigene Person kreist und tröstende Zuhörer sucht, statt die Situation aus eigener Kraft zu ändern. Diesen Menschen rufe ich zu: Macht euch nicht so niedrig, denn so hoch steht ihr nicht!

Die Selbstablehnung kann so weit gehen, daß jede gegenteilige, positive Meinung, die andere äußern, aufs schärfste kritisiert wird. Um jeden Preis muß das negative Bild von sich selbst aufrechterhalten werden; wer anders denkt, bedroht dieses Selbstverständnis, indem er zu verstehen gibt: »Du bist nicht in der Lage, dich selbst objektiv zu beurteilen.« Und so bestätigt diese Kritik gerade das, was sie eigentlich aufheben will, nämlich Unfähigkeit.

Nun wissen wir alle, daß das offene Bekenntnis von Schwächen meist Vorteile bringt in Form von Zuneigung. Es kann aber nur derjenige unbefangen und in Demut Fehler zugeben, der sowohl seine Grenzen als auch seine Fähigkeiten kennt und anerkennt. Er wird sich nicht schlechtmachen, weil er als Geschöpf Gottes und ausgestattet mit Gaben dazu keinen Grund hat. Gewiß gibt es genügend Gründe, sich an die Brust zu schlagen und um Vergebung zu bitten, doch keinen Grund, seine Person abzulehnen.

Es ist übrigens auch kein Zeichen tiefer Demut, wenn jemand meint, Gott sei zu sehr beschäftigt oder habe Besseres zu tun als sich mit ihm abzugeben.
Manch einer hält sich nicht einmal für wert genug, von Gott etwas zu empfangen. Er glaubt, seine sündhafte Lebensweise wäre Grund genug für Gott, sich von seinem Geschöpf abzuwenden und dessen Bitten ungehört zu lassen. Der Herr wendet sich gerade dem Sünder zu und will nichts Sehnlicheres als ihn an sich heranziehen.
Wer sich stets schlechtmacht, provoziert neben Mitleid auch Verachtung bei denen, die dem Niedrigen keine Existenzberechtigung geben wollen. Die Selbstdemütigung ruft bei solchen Menschen geradezu sadistische Gefühle wach: Sie fühlen sich aufgefordert, den Schwachen zu quälen, um sich selbst mächtig zu fühlen. In einer Gesellschaft, die nur das Starke und Mutige, das Außerordentliche und Überhebliche hochjubelt (eben weil sie sich selber für schwach hält), löst der Schwache Ängste aus. Angst führt zur Ablehnung in Form aggressiver Unterdrückung oder Leugnung des Schwachen. Indem nun der, der seine eigene Schwachheit nicht akzeptiert, aggressive Macht ausübt, glaubt er, stark zu sein. Die Erhebung des Menschen in eine arische, herrische Rasse ist ein deutliches Beispiel dafür.
All diese Formen von Selbstablehnung blockieren den Weg zur Demut. Einige können sogar zur Selbstzerfleischung führen, wie ich nun im nächsten Kapitel darlegen werde.

Sich selbstquälerisch aufopfern

Wer wüßte nicht aus eigener Erfahrung, zu welchen Opfern wir fähig sind, wenn wir lieben. Jesus selbst hat sich aus Liebe zu den Menschen und aus Liebe zu seinem Vater seelisch und körperlich völlig verausgabt. Wo Liebe ist, ist alles möglich. So kann der Pflicht-Zölibat zum Beispiel nur problemlos gelebt werden, wenn das Verhältnis zu Gott einer Verliebtheit gleichkommt. Jeder Verzicht wird dann mit Freude und ohne selbstquälerische Haltung vollzogen. Des Rätsels Lösung liegt also immer nur im Grad der Liebe zu einer Person oder Sache. Ein so liebender Mensch hat nicht das Empfinden, am Leben vorbeizuleben, Wesentliches zu versäumen; es stellen sich auch keinerlei psychosomatische Erkrankungen ein als Folge erzwungener Hingabe. Im Gegenteil: Er lebt das »Leben in Fülle«, das Jesus uns zu bringen gekommen ist.

Gerade aber die zunehmenden leibseelischen Störungen müssen den Verdacht erlauben, daß die aufopfernde Lebensweise vieler Menschen nicht aus der Quelle dieser freigewählten Liebe gespeist wird. Ich spreche hier nicht vom üblichen beruflichen Streß, dem viele notgedrungen ausgesetzt sind. Natürlich bedeuten die Streßerkrankungen auf beruflicher Ebene wie auf der Ebene selbstquälerischer Verzichtleistungen dasselbe, nämlich Protest gegen eine aufgezwungene Lebensweise. Eine gesunde Seele liebt niemals das Leiden. Sie kann es allenfalls auf sich nehmen um eines höheren Wertes willen; dann kann sie befähigt werden, die Schmerzen weniger stark zu verspüren.

Wer als Radfahrer auf das Ziel schaut, vergißt die Schmerzen in den Beinen; beachtet er aber dauernd seine Schmerzen, wird er sein Ziel kaum erreichen. Begriffe wie »süße Last«, »im Kreuz ist Heil« und »süßes Joch« haben bei vielen Christen Verwirrung gestiftet.

Jesus lehrte uns, Leid zu lindern, nach Möglichkeit zu verhindern. Sein Name selbst bedeutet »Gott heilt«. Das vermeidbare Leid ist weitaus größer, als wir glauben.

An einem religionspsychologischen Seminar, das ich leitete, nahm auch eine ältere Dame teil, die zunehmend dadurch auffiel, daß sie stets zu Hilfe kam, wenn es erforderlich schien, und daß sie ständig einen leidensverliebten Eindruck machte. Es wurde allmählich unerträglich, ihren Ausführungen über die Notwendigkeit, sein Kreuz zu tragen, widerspruchslos zu folgen. Sie bot das jammervolle Bild einer vom masochistischen Leiden gezeichneten Frau, wobei aus ihren Reden zu ersehen war, daß sie jede Möglichkeit, Opfer zu bringen, nutzte. Dabei fiel mir die Widersprüchlichkeit ihrer »Verkündigung« auf. Den Seminarbesuch begründete sie mit dem Bedürfnis, ihre Gefühle besser kennenzulernen. Nach drei Monaten war sie jedoch zu keiner Erkenntnis und auch zu keinerlei Verhaltensänderungen gekommen. Ihre Angst vor einer Veränderung war offenbar stärker.

Das selbstquälerische Aufopfern ist auch in manchen Partnerschaften und Freundschaften zu beobachten. »Ohne dich kann ich nicht leben. Ich tue alles, was du von mir verlangst, wenn du nur bei mir bleibst.« Solche Haltung ist masochistisch, weil sie Selbstaufgabe bedeutet und nichts mit Liebe zu tun hat. Es grenzt an das Verhalten eines hündischen Dieners, hinter dessen pathologischer Hörigkeit sich Selbsthaß verbirgt.

In der Tat haßt sich der Masochist selber; er, der nach außen Opferbereitschaft, Selbstverzicht und Hingabe zeigt, ist überzeugt, daß er allein durch seine sklavische Untertänigkeit Liebe verdient hat. Er glaubt nur an die Berechtigung seines Daseins, wenn er, sich gleichsam bestrafend für seine ständigen Schuldgefühle, die quälendsten Demütigungen auf sich nimmt. Seiner Verlassenheitsangst, die dem Gefühl der unverdienten Liebe entspringt, kann er nur entrinnen, indem er die Ohnmacht wählt, um so dem anderen Machtgefühle über sich zu ermöglichen und somit sich selbst das Verdienst der Liebe.

Aus Angst, verlassen zu werden, sind diese ichschwachen Menschen zu allen Diensten bereit. Ihre scheinbar großmütige, unendliche Dienstbereitschaft ist eine Tragödie. Sie kann so weit gehen, daß am Ende einer solchen masochistischen Symbiose der Selbstmord steht für den Fall, daß der Partner wegläuft. Im sozialen Bereich folgt der Selbstmord oder die Depression im Fall einer entzogenen

Möglichkeit der Selbstaufopferung für andere, oft kaschiert als müh-selige Aufopferung.
Echte Liebe ist frei von jeder Art von Abhängigkeit!
Es gibt Ehepartner, die eine Trennung niemals erlauben würden, auch wenn alles verfahren ist. Lieber erleiden sie ihre kaputte Beziehung, sei es aus religiösen Gründen oder sei es aus wirtschaftlichen Überlegungen. Diese Ehe wird zu einem formalen, juristischen Akt, dessen Qualen eher ertragen werden als die möglichen Schmerzen einer Trennung und der damit verbundenen Umweltreaktionen. Eine solche Beziehung ohne Liebe und ohne Recht, nur noch mit Pflichten, kann nicht im Willen Jesu liegen. Wo jede positive Veränderung verhindert wird, bleibt die Scheidung der einzige Weg, wieder zu sich selber zu finden. Es wäre geradezu zynisch und weltfremd, jetzt zu sagen: »Ihr habt nicht genug Gottvertrauen. Ihr dürft nicht einfach weglaufen. Euer Leid hat einen Sinn. Gott stellt auch auf die Probe. Wenn ihr euch scheiden laßt, geht ihr den Weg des Bösen« usw.
Wer so spricht, hat weder Ahnung vom Leben noch von der Freundlichkeit Gottes. Das Gesetz ist für den Menschen da, nicht umgekehrt. Besser in Trauer über die verfahrene Situation getrennte Wege gehen als sich gegenseitig weiter quälen und auf den Tod des anderen warten.
Menschen mit masochistischer Aufopferungsbereitschaft sublimieren häufig ihren Hang zur Unterwürfigkeit in sozialen Berufen. Und da masochistische Neigungen nicht frei sind von sadistischen Elementen, erscheinen die einen machtbesessen, die anderen dienstbeflissen. Beiden gemeinsam ist das Gefühl, nicht liebenswert zu sein, wenn sie nicht enorme Leistungen anbieten. Übertrieben fromme Leistungen, unendliche, religiöse Opferhandlungen, magisch besetzte Versöhnungsrituale Gott gegenüber sind weitere negative Ausflüsse eines leidensverliebten Menschen. Dabei haben sie einen durchaus legitimen Wunsch, fromm zu sein und Gott zu gefallen. Jedoch ist ihr perma-

nenter Selbstverzicht nichts anderes als der qualvolle Versuch, ihre Existenzberechtigung zu erkaufen. Sie machen aus ihrer seelischen Not eine Tugend, die, näher betrachtet, keine ist.

Eine Ordensschwester bemüht sich um ein demütiges Leben in ihrer Gemeinschaft. Dabei klagt sie über mangelnde Solidarität in ihrem Konvent. Dieses Verlangen nach mehr Gemeinsamkeit vermag sie nicht in Einklang zu bringen mit ihrer Vorstellung von Demut, die nichts verlangen darf.

So leidet sie vor sich hin und ahnt nur dunkel, woher ihre psychosomatischen Störungen kommen. Sie ist unfähig, beide Bedürfnisse in Einklang zu bringen, und interpretiert das Herunterschlucken ihrer Empfindungen als Demut.

Menschen mit einer masochistischen Lebenseinstellung zeigen einen besonderen Hang zu Selbstbestrafung in Form von Bußübungen, Verzichtleistungen und negativer Erwartungshaltung. An Erfolgen können sie sich kaum erfreuen, weil sich sehr rasch der Gedanke einstellt, dieses Glück nicht verdient zu haben. Sie verscherzen sich alle guten Chancen, ziehen das Unglück geradezu an. Ihr überstrenges Gewissen erlaubt ihnen kein leichtes Leben. Für sie ist die Selbsterniedrigung Inhalt der Existenz.

Mit Selbstbestrafung ist keineswegs die Sühne zu verwechseln, die in der christlichen Religion einen besonderen Stellenwert besitzt. Die Notwendigkeit der Sühne, der sich Gläubige von Zeit zu Zeit unterziehen sollten, ist frei von physischer oder psychischer Selbstzerfleischung (wie es z. B. die Flagellanten tun, indem sie sich den Rücken blutig peitschen); sie meint Gebet und Fasten, Verzicht auf Überfluß; sie meint Bußübungen auch stellvertretend für andere. Solche »Abtötung des Fleisches« entspringt der Liebe zu Gott und den Menschen. Sie ist frei von neurotischen Motiven oder sauertöpfischer Heiligkeit.

Eine junge Lehrerin litt unter starkem Leistungsdruck, dem sie sich selber auslieferte, d. h. sie ließ sich vom Chef und von Kollegen alle möglichen Arbeiten aufhalsen, um so der Möglichkeit auszuweichen, eigene Entscheidungen und eigene kreative Aktivitäten in ihrem außerschulischen Alltag treffen zu müssen. Sie hatte Angst, daß sie dann die möglichen Fehler vor Gott verantworten müsse, ja daß sie eventuell gar keine Talente zu irgendwelchen schöpferischen Tätigkeiten vorfinden könnte. Letztlich fürchtete sie sich vor ihrem Gott, der Leistungen forderte und ein müßiges Loslassen strafen würde. So flüchtete sie in eine Betriebsamkeit, die sie nicht zu der ihr verhaßten Ruhe kommen ließ. Sie galt als aufopfernd, arbeitsam und demütig, und niemand wußte, wie sehr sie sich dennoch nach dem Nichtstun sehnte. Im Grunde vertrat sie den Typ der Martha, der im Unterschied zu Maria stets schuftete und zu dem Jesus sagte: »Martha, Martha, du sorgst und beunruhigst dich um viele Dinge. Doch weniges ist notwendig, nur eines. Maria hat den guten Teil erwählt, der wird ihr nicht genommen werden.« (Lk. 10,41f.) Jesus meinte mit dem »guten Teil« die Fähigkeit zum Ausruhen und zum Hören auf Gottes Wort. Er meinte nicht Müßiggang und auch nicht das Nichtstun im Sinn einer fatalistischen Schicksalsergebenheit, wie ich es im nächsten Kapitel darlegen möchte.

Sich passiv dem Schicksal ergeben

Neben der selbstquälerischen Aufgabe seiner Ansprüche gibt es auch den Fatalismus, die passive Schicksalsergebenheit. Ich meine damit nicht die Auslieferung an die Führung Gottes, also die wirkliche demütige Hingabe, wie ich sie im ersten Abschnitt beschrieben habe. Ich meine das an Trotz grenzende Hinwerfen aller Eigenverantwortung. Wenn ein Mensch nach wiederholt erfahrener Erfolglosigkeit seiner Bemühungen, sein Leben kreativ zu gestalten, die Flinte ins Korn wirft, oder wenn er angesichts leidvoller

Umstände nicht mehr bereit ist, die Lage nach besten Kräften zu ändern.
Eine Krankheit verpflichtet den Betreffenden, alles für seine Heilung zu tun. Es wäre vermessen, diesen Zustand von vornherein als Wille Gottes zu deuten und deshalb jegliche Eigeninitiative zur Veränderung zu unterlassen. Diese Haltung hat mit dem Mut, Gott zu dienen, nichts zu tun. Der Schöpfer gab uns Verstand und Wille zur Bewältigung lebensfeindlicher Situationen, die bis zuletzt ausgeschöpft werden sollen. Allzuoft zeigt sich die neurotische Frömmigkeit in der Unfähigkeit, zu denken und zu handeln. Sie beruft sich auf fragwürdige religiöse Traditionen, die die Verantwortung über die Lebensgestaltung an Gott abschieben möchten. Diese Regression (Rückschritt in kindliche Verhaltensformen) kann so weit gehen, daß sich einer auf das ausgleichende Leben im Jenseits beruft und alle weltlichen Forderungen ignoriert. Er flüchtet vor seinen irdischen Hausaufgaben in eine Bequemlichkeit hinein, die jegliche expansive Lebensentfaltung verhindert. Unrechtmäßige Zustände bleiben bestehen, leidvolle Situationen, deren Abhilfe durchaus in der Möglichkeit des Menschen steht, werden geduldig ertragen mit dem Hinweis, daß Gott es so gefügt und für das Leben nach dem Leben einen entsprechenden Lohn bereit habe.
Demut ist die Anerkennung eines letzten höheren Willens, der meine aktive Mitarbeit einbezieht. Tilman Moser erwähnt in seinem Buch »Gottesvergiftung« ein Kirchenlied, das manchmal bei Hochzeiten gesungen wurde:

> So nimm denn meine Hände
> und führe mich
> bis an mein selig Ende
> und ewiglich!
> Ich mag allein nicht gehen,
> nicht einen Schritt;
> wo du wirst gehn und stehen,
> da nimm mich mit.

Der Text kann zu Mißverständnissen führen, wenn er auf einen Partner bezogen wird; er spricht dann die Sprache derer, die lieber in die frühkindliche Geborgenheit und Unselbständigkeit fliehen, statt Eigeninitiative, Risikofreude und individuelle Lebensgestaltung zu entwickeln. Aber es ist klar, was die Dichterin gemeint hat, die es ursprünglich als Sterbelied verfaßt hat.
Es gibt Christen, die ihr Wunschdenken auf Gott übertragen, der sie dann notwendigerweise enttäuscht. Seine Führung entspricht nicht ihren Erwartungen. So reagieren sie nun beleidigt und wenden sich von Gott ab, sich dem Schicksal trotzig überlassend.
Das Sich-nie-entmutigen-Lassen gehört zur wichtigsten Eigenschaft des mündigen Menschen. »Ich schaffe es nicht. Immer wieder begehe ich die gleichen Fehler und Sünden. Mein Beten hat gar keinen Zweck. Ich gebe auf.« Solche Worte zeugen von großer Not, aber auch von Mutlosigkeit. Der dreimalige Sturz Jesu unter der Last des Kreuzes und sein dreimaliges Erheben weist uns darauf hin, daß wir schuldig werden dürfen, doch nicht liegenbleiben sollen. Die Liebe Gottes befreit uns nicht von der Arbeit an uns selbst, sondern ermöglicht sie erst.
Bemerkungen wie »So bin ich eben« oder »Ich ändere mich ja doch nicht mehr« verraten ein Stück Bequemlichkeit oder Resignation. Sie zeigen den Weg des geringsten Widerstandes auf Kosten eines moralischen Wachstums.
Angesichts der zunehmenden weltweiten Unterdrückung von Völkern und Rassen stellt sich die Frage, ob es ein Zeichen gottgewollter Friedfertigkeit ist, Ungerechtigkeiten zu belassen, die nur mit Gewalt beseitigt werden können. Es ist zu unterscheiden zwischen Krieg und Notwehr. Sollen die ausgebeuteten und ständig um ihr nacktes Leben fürchtenden Bauern in Brasilien ihren Zustand »demütig« aushalten, bis sie verhungert sind oder von den Söldnern der reichen Großgrundbesitzer getötet werden? Ist ihr bewaffneter Kampf gegen die Ausbeuter etwa gegen den Willen

Gottes? Sollen sie die linke Wange hinhalten gemäß einem Wort Jesu in der Bergpredigt? Er selber hat es nicht getan, als ein Knecht des Pilatus ihn schlug. Die Gewaltlosigkeit und Schicksalsergebenheit um jeden Preis kann kaum eine Forderung Jesu gewesen sein. Oder sollen sie tatenlos zusehen, wie Frauen und Kinder vor ihren Augen gefoltert werden? Ich kann für mich selbst Gewaltlosigkeit in Anspruch nehmen, aber ich habe nicht das Recht, andere dazu zu verpflichten und dann auch noch auf das Jenseits zu vertrösten. Es erfordert Mut, in manchen Bereichen umzudenken, vor allem in gewohnten religiösen Denkbereichen.
Nur der Glaube an eine Seelenwanderung, wie er in den asiatischen Religionen zu Hause ist, kann zur Annahme verleiten, daß alles Leid unabänderlich zum Reinigungsprozeß der sündigen Seele gehört. Dieses Karma-Verständnis ist es auch, das den Betreffenden in eine gleichgültige Schicksalsergebenheit fallen läßt. Was immer ich hier und jetzt erleide, dient meiner seelischen Höherentwicklung im nächsten Leben. Für einen Christen ist solches Denken unbiblisch; außerdem raubt es den Antrieb zum sozialen Denken, da ja im Schicksal des Einzelnen die gerechte Strafe für die Sünden seines früheren Lebens liegt. Die in der Bibel erwähnte Wiedergeburt meint immer eine geistliche Erneuerung durch Umkehr und aktives Mitarbeiten im angebrochenen Reich Gottes.

Seine Fähigkeiten verstecken

Es scheint so, daß eine Menge Leute ihr Licht unter den Scheffel stellt in der Meinung, dies sei ein besonderer Ausdruck von Selbstlosigkeit. Sie haben vergessen, daß Jesus im Gleichnis von den Talenten (Mt. 25,14f) das Wuchern mit den Fähigkeiten forderte. Es mag Momente geben, die ein bescheidenes, rücksichtsvolles Zurückstellen der eigenen Person verlangen; darüber sprach ich bereits.

Jetzt handelt es sich jedoch um Menschen mit Minderwertigkeitsgefühlen. Sie verbergen ihre Talente aus Schüchternheit; sie verleugnen sie sogar, wenn man sie ihnen aufzählt. Diese Verleugnung hat zur Folge, daß sie sich selbst Vorwürfe machen, weil sie sich nicht verwirklichen und ihre von Gott geschenkten Gaben in den Schatten stellen.

Ich bin manchmal erstaunt über die vielen unentdeckten Kräfte meiner Schüler, Freunde oder Patienten. Unerkannt, mitunter auch verkannt, schlummern sie in ihnen, bis Zufälle sie zutage treten lassen. Viel unnötiges Leid wird dadurch erzeugt, daß Eltern die Fähigkeiten ihrer Kinder unterdrücken, meist ohne böse Absicht. Ein Kind, das mit seinem Puppenspiel seinen Eltern auf die Nerven geht, muß mit Sanktionen rechnen. Ein anderes Kind, das die sprechende Puppe kaputtmacht, um die Stimme zu finden, wird wegen dieser zerstörerischen Handlung bestraft, obgleich doch jene Erforschung auch ihre guten Seiten hat. Ein Junge, der begabt genug ist, eine Lampe zu reparieren, wird von seinem Erzieher zurechtgewiesen, weil dieser Angst vor einem phantasierten Malheur hat. Ein Mädchen, das Interesse am Tanzen zeigt und gern Tänzerin werden möchte, wird angehalten, sich diese Flausen aus dem Kopf zu schlagen. Alle diese Kinder, die ihren natürlichen Bedürfnissen oder Fähigkeiten nachgehen, werden so allmählich ihre Interessen verschließen und lustlos den Weg ins Leben antreten.

Ein Mann verbietet seiner Frau das Herstellen und Verkaufen von Handpuppen, Töpferwaren und Stickarbeiten, weil sie das »nicht nötig haben«. Sein Stolz übersieht das tatsächliche Anliegen seiner Frau, nämlich sich in diesem kreativen und künstlerischen Hobby zu verwirklichen. Um das Geld geht es ihr gar nicht.

Solche einengenden Reaktionen erreichen schließlich, daß ein begabter Mensch seine Bedürfnisse unterdrückt und seine Talente vergräbt. Wieviel Kämpfernaturen bleiben stumm und fügsam aus Angst vor Ablehnung. Sie kehren ihren Charakter um, weil sie fürchten, ihre Gefühle könnten sie oder ihre Mitmenschen umwerfen. So kommen ihre wahren Fähigkeiten nicht zum Vorschein; sie leiden unter dieser Einschränkung und sind dann nicht selten der Meinung, ihre Haltung sei Ausdruck einer gesellschaftlich erwünschten Bescheidenheit.

Manche Menschen verzichten auf das Ausüben einer Gabe, weil sie in den Augen ihrer Kollegen möglicherweise als eitel oder angeberisch gelten könnten. Eine solche »rücksichtsvolle« Haltung ist Feigheit gegenüber dem Gerede der Leute. Wahre Demut erscheint anderen manchmal wie Hochmut. Diese Verkennung hinzunehmen gehört zum Wesen echter Demut.

Andere verstecken ihre Talente, weil sie ihnen mißtrauen. Sie glauben selber nicht so recht, daß sie zu bestimmten Handlungen fähig seien, einfach weil sie nie die Möglichkeiten hatten, es auszuprobieren. »Das bringst du ja doch nicht fertig«, sagte man ihnen oder: »Laß das! Das kann Vater besser!« Angst und Unsicherheit stellen sich ein; schon das geringste Lampenfieber veranlaßt sie zu einem Rückzug, um ihre innere Erregung abzubauen.

Indem ich dieses Buch schreibe, empfinde ich selbst etwas Angst: Angst vor möglichen negativen Reaktionen, Angst vor vernichtenden Kommentaren in Buchbesprechungen. Dennoch schreibe ich, was ich für richtig und wichtig halte; ich werde die Mißerfolge aushalten, kritische Stimmen in Ruhe aufnehmen. Das Buch wurde im Gebet geschrieben; ich glaube, hiermit einen Auftrag Gottes zu erfüllen, was nicht heißt, daß alles hier Gesagte auch richtig sein muß.

Es gibt eine besondere Unart von Demut, die das Verstekken von Fähigkeiten genießt. Da hält einer seine notwendig geforderte organisatorische Begabung zurück, weil er einem anderen den Vortritt lassen will, obgleich er weiß, daß dieser der Aufgabe nicht gewachsen ist. Erst, als dieser versagt, erscheint er auf der Bildfläche, um so seinen ret-

tenden Dienst und damit die Unfähigkeit des anderen unter Beweis zu stellen.
Hätte der Starke nicht seine Hilfe dem Schwachen anbieten und gemeinsam mit ihm die Organisation durchführen können?
Wirkliche Demut ist: Einen weniger Begabten fördern, ohne ihn das Gefühl seiner Begrenzung spüren zu lassen. Selbst wenn der andere diese Aufgabe im trotzigen Alleingang hätte durchziehen wollen, gibt uns das nicht das Recht, ihn angesichts seines Mißerfolgs auszulachen und mit unserer eigenen Brillanz zu glänzen.
Es gibt Menschen, die ihren Wunsch nach außerordentlichen Leistungen jahrelang unterdrücken in der Meinung, dazu kein Recht, keine Energie oder keine plausible Rechtfertigung zu haben. Diese freigewählte Selbstbeschränkung macht ihnen zu schaffen; sie reagieren gereizt und präsentieren auf anderen Gebieten eine so starke Selbstsicherheit, daß diese in den Augen anderer den Anschein von Arroganz bekommt. Natürlich ist die Arroganz nur der mißglückte Versuch einer Überkompensation. Ist erst einmal die Angst vor der ersehnten außerordentlichen Leistung verschwunden, sind sie zu großen Aktionen fähig.
Ich bin überzeugt, daß unsere Gesellschaft mehr Genies, mehr Entdecker, mehr Helden haben könnte, wenn sie die Fähigkeiten und Interessen ihrer Menschen mehr tolerieren und fördern würde. Nicht alle haben die Zähigkeit und die Sicherheit eines Columbus, der gegen Widerstände und traditionelle geographische Lehrmeinungen kämpfen mußte, um seinen Plan durchzufechten. Unsere eigenen Ängste lassen es oft nicht zu, daß wir andere gewähren lassen, geschweige denn, uns selbst über die Masse erheben. Wir werden dadurch schuldig, daß wir unsere Talente oder Berufungen nicht genügend beachten.
Manche Väter sehen es nicht gern, wenn ihre Söhne aus der Art schlagen, beispielsweise einen anderen Beruf ergreifen wollen als den des Vaters. Angst vor dem Verlust

des traditionsbewußten Familienbetriebes, Angst vor finanziellen Eskapaden des Sohnes mag hier das Motiv der väterlichen Intoleranz sein. So werden viele Kinder mittelmäßige Kaufleute statt hervorragende Künstler, durchschnittliche Pädagogen statt gefeierte Opernstars. Die Möglichkeit, daß aus ihnen arme Hungerkünstler statt mittelmäßige Kaufleute werden können, hat bei solchen Überlegungen mehr Gewicht. Im Vordergrund stehen finanzielle Absicherungen, nicht so sehr das persönliche Glück, ein Hobby zum Beruf zu machen, auch wenn dann das Geld nicht so reichlich fließt.
Dem Mutigen gehört die Welt. Seine Risikobereitschaft kann alles bringen oder nichts. Wer sich hierbei der Führung Gottes anvertraut, wird auch bei Fehlschlägen nicht vom Weg abkommen. Gott verteilt seine Gaben unberechenbar; wer sie bei sich erkennt, ausbildet und einsetzt in der Gewißheit der göttlichen Wegweisung, braucht keine Angst zu haben. Mir scheint aber, daß wir immer noch zu sehr Eigenregie mit vielfältigen Absicherungen betreiben und zu wenig Gott in unser Leben einlassen.

Seine Bescheidenheit geniessen

Dem Beobachter ist es nicht immer möglich, echtes Demutsverhalten von einer maskierten Eitelkeit zu unterscheiden. So kann es durchaus sein, daß jemand seine Freigebigkeit in uneigennütziger Liebe ausübt, gelegentlich aber von dem Gefühl des Stolzes erfaßt wird angesichts seiner vorbildlichen Verzichtfähigkeit. Oder jemand kleidet sich unauffällig, um gerade darin aufzufallen. Niemand vermag sein tatsächliches Motiv zu durchschauen und sollte daher lieber schweigen als voreilig loben oder tadeln.
»Ehe du geprüft hast, tadle nicht; erst untersuche, dann kritisiere!« (Sir. 11,7)
Elisabeth von Thüringen wollte aus Demut betteln gehen;

ihr Beichtvater Konrad war besorgt darüber, weil er befürchtete, daß »aus ihrer Demut leicht ein versteckter, schwer durchschaubarer Hochmut werden« könnte, wie so oft, wenn einer aus hohen Idealen heraus ein entbehrungsreiches Leben führt, das genau so ist, wie er es sich freiwillig ausgesucht hat. Von einem Christen, insbesondere von kirchlichen Würdenträgern wird zu Recht ein gewisses Maß an Bescheidenheit erwartet. Dazu ist jedoch die in der Kirche geübte Praxis des Gewänder- und Titelkults nicht gerade geeignet. Allzu häufig bekomme ich das ungute Gefühl nicht los, daß manche Domkapitulare, Monsignori, Eminenzen, Exzellenzen, Ordinariatsräte und päpstliche Hausprälaten ihren Status mit entsprechenden farbenprächtigen Gewändern demonstrieren. Man stelle sich einmal Jesus inmitten dieser Herrschaften vor!
»Die Schriftgelehrten . . . machen ihre Gebetsriemen breit und ihre Mantelquasten lang, lieben den Ehrenplatz bei den Gastmählern und die ersten Sitze in den Synagogen und die Begrüßung auf den Marktplätzen und daß sie von den Leuten Rabbi genannt werden.« (Mt. 23, 5b-7)
Der Versuch, diese Aufgabe symbolistisch zu rechtfertigen, und die Behauptung, solche Ehre gelte nur dem Amt, ist sehr problematisch. Wohlgemerkt: Ich spreche hier nicht von liturgischen Gewändern, die ihren sinnvollen Platz im Gottesdienst haben; obgleich auch hier manches weniger zur Ehre Gottes gereicht als vielmehr zum Erkennen des jeweiligen kirchlichen Ranges, den der einzelne innehat. Auch sollte die Beweihräucherung von Volk und Priester entweder erklärt oder gänzlich weggelassen werden. Wir brauchen mehr Schlichtheit. Die Eucharistiefeier muß wieder als Mahl erkennbar sein, der Altar als Tisch, der Priester als Diener.
Wer innere Demut pflegt, muß den äußeren Eitelkeiten entsagen. Sonst wird er unglaubwürdig. Gewiß kann ich auch in Jeans und Turnschuhen eitel sein; doch vermitteln breite Schärpen, weite Pelerinen und prunkhafte Accessoi-

res wahrlich kein Gefühl von Bescheidenheit. Amt hin, Funktion her. Kleider machen Leute. Jesus aber zeigte sich »ohne Schönheit und Glanz«. (Jes. 53,2)
Eine andere Ebene des weiß getünchten Hochmuts stellt sich im Gebet des Pharisäers dar, der sich besser dünkt als der Zöllner. Weil er fromme Leistungen erbringt, teure Gaben opfert und außerdem noch die Schrift besser kennt, vermutet er sich auf der religiösen Glanzseite. Stellen wir auch manchmal unser geistliches Licht auf den Leuchter, damit es allen aufleuchtet, was wir für tolle Leute sind? Solche Selbstgerechtigkeit macht nicht hell; sie blendet und verblendet. Es gibt keine geistliche Lebensversicherung auf der Basis religiöser Leistungen.
Natürlich gibt es auch neben diesem geistlichen Hochmut die profane Selbstüberschätzung, die sich in der weltlichen Tüchtigkeit und Hochanständigkeit gefällt. Bescheidenheit heißt Bescheid wissen über seine Schwächen und seine Bedürftigkeit. Der Bescheidene weiß um seine Erlösungsbedürftigkeit. Diese Erkenntnis läßt sich kaum genießen.
Als der Schauspieler Karlheinz Böhm für sein soziales Engagement in Äthiopien ausgezeichnet wurde, trat er ans Mikrofon und sagte: Ich danke Ihnen für Ihre Unterstützung. Ich freue mich darüber. Was aber soll ich den Armen dort unten erzählen? Daß ich ausgezeichnet wurde für eine selbstverständliche Tat? Das kann ich nicht. Ich gebe den Preis zur Versteigerung frei und werde den Erlös meinen Kindern in Afrika zukommen lassen. Was ich tue, ist Pflicht eines jeden Christen.
Er hat recht. Wir dürfen uns freuen über unsere Erfolge. Wir dürfen Geschenke annehmen, Komplimente und Dank erwidern, letztlich Gott die Ehre überlassen. In der uns anerzogenen Bescheidenheit haben wir fast alle gelernt, die Annehmlichkeiten des Lebens eher »demütig« von uns zu weisen. Wie oft machen wir die abwertende Bemerkung »Das war aber doch nicht nötig«, wenn uns ein Bekannter etwas schenkt. Gewiß war es nicht nötig. Aber es war eine

schöne Geste. Und sie machte Freude. Eine derartige Abwertung entspringt einer unüberlegten, eingeübten hohlen Bescheidenheit, hinter der sich ein zweifelhaftes Gefallen an sich selbst verbergen kann.
Überprüfen wir stets unsere Motive und verzichten wir lieber auf jene Demut, die uns zum Genuß verführt oder unecht vorkommt.
Von einem Juden wird erzählt, daß er von einem Sabbat zum anderen zu fasten pflegte. Eines Freitagnachmittags nun überkam ihn ein so starker Durst, daß er sterben zu müssen meinte. In diesem Augenblick sah er vor sich einen Brunnen und streckte schon die Hand nach ihm aus. Doch sofort bedachte er reumütig, daß es angesichts der kurzen Frist bis zum Ende seines Fastens närrisch wäre, all die Anstrengungen zunichte zu machen, die er die ganze Woche über aufs Fasten verwandt hatte. Und er besiegte sein Verlangen und trank nicht. Dann kam es ihm in den Sinn, was für ein willensstarker Mensch er doch sei und wie erfolgreich er seinen Durst bezähmt habe, und er war sehr stolz auf sich.
Bald aber erkannte er, was da in ihm vorging, und er überlegte sich: »Es ist besser, daß ich nachgebe und trinke, als daß sich solcher Stolz in mir breitmacht.« Und er ging zum Brunnen zurück. Doch wie er sich zum Trinken niederbeugte, spürte er keinen Durst mehr.
Diese Erzählung macht uns nachdenklich. Der demütig gewordene Rabbi wird es nicht leicht haben, einem fragenden und vielleicht anklagenden Mitbruder erklären zu können, weshalb er sein Fasten abbrechen wollte. Wir alle können uns nicht immer rechtfertigen und müssen Fehldeutungen, Anklagen, Mißverständnisse in wirklicher Demut aushalten. Wichtig ist allein, wie wir vor Gott wirken.
Halten wir fest: Wer ehrgeizig die Tugend der Bescheidenheit »leisten« möchte, befindet sich wohl auf dem verkehrten Weg. Ständiges Verzichten, Verbergen, Zurückstellen kann infolge der Übertreibung des Guten zum Schlechten

führen. Der Genuß dieser Demut widerspricht der Tugend. »Wer selber sich nichts gönnt, wem wird der Gutes tun? Sein eigen Glück wird er mitnichten finden. Am schlimmsten geht es dem, der sich nichts gönnt, und seiner Mißgunst Lohn wird ihm zuteil.« (Sir. 14, 5 f.).

Seine Gefühle schlucken

Das weitverbreitetste Mißverständnis von christlicher Demut besteht im Nichtwahrhabenwollen von aggressiven Gefühlen und von ständig hochkommenden »egoistischen« Bedürfnissen. Keine Verdrängung hat so zerstörende Folgen wie diese. Die zunehmenden Depressionen und psychosomatischen Erkrankungen, aber auch die vergifteten zwischenmenschlichen Beziehungen gehen fast allesamt auf das Konto einer jahrelangen Unterdrückung elementarer, jedoch von vielen Menschen für egozentrisch gehaltener Bedürfnisse. Weil es der Glaube verlangt, legen sie sich diese fragwürdige Form der Selbstbeherrschung auf und verlangen sie auch von ihren Kindern. Verzicht und Unterdrückung sind aber zwei verschiedene Verhaltensweisen. Es gibt so etwas wie einen heiligen, berechtigten Zorn, der artikuliert sein will, sonst zerstört er den Menschen von innen heraus. Es gibt legitime Bedürfnisse, die die Selbstentfaltung und individuelle Entscheidungsfähigkeit fördern und von niemandem ungestraft abgeblockt werden dürfen.

Eine Frau klagt über die rechthaberische Verständnislosigkeit ihres Mannes. Alle Versuche, sich durchzusetzen, scheitern. Inzwischen leidet sie an dem berühmten Kloßgefühl im Hals, an einer lästigen Reizblase und an Herzbeschwerden — allesamt psychogene Störungen als organischer Ausdruck ihrer seelischen Leiden.

So entschließt sie sich, ihre Empfindungen zuzudecken und ihre Zuflucht verstärkt im Gebet zu suchen. »Ich sage mir immer wieder: Unser Herrgott weiß, wie es um mich bestellt ist. Vielleicht will er es so. Ich muß halt mehr Demut üben. Wenn es nur nicht so schwer wäre ...« Mit dieser Äußerung weist sie auf ein arg strapaziertes Demutsverständnis hin, das in Wahrheit zu einer Ideologie der Friedfertigkeit wird. Wo man sich eigentlich durchsetzen und auseinandersetzen sollte, flüchtet man in eine fatale Dulderrolle. Steht am Anfang die ohnmächtige Wut gegen den anderen, so bleibt nach Verdrängung dieser Wut am Ende die Unfähigkeit, seine Gefühle überhaupt noch zu erkennen, geschweige denn einen Streit fair auszutragen. Wer nicht erkennt, kann nicht bekennen.

Nach außen hin wirken solche Menschen oft bescheiden, still; der Kenner aber sieht hinter dieser Maske die tiefe Not einer bedrückten Seele. Andererseits entsteht nicht selten in diesen Menschen das Gefühl einer gewissen Überlegenheit; nämlich der moralisch Bessere zu sein, nicht schuldig, sondern Opfer zu sein. Diese Duldermentalität weckt nun möglicherweise im Gegner Schuldgefühle, die ihren Höhepunkt erreichen, sobald man schwer erkrankt und verschlüsselt zu verstehen gibt, daß man ja nur sein Opfer ist und durch sein Verhalten erkrankte. Würden wir alle Beziehungen, die nach diesem Muster ablaufen, überprüfen können, bliebe nicht mehr viel von der sogenannten Demut übrig.

Gefühle sollen nicht geschluckt, sondern ausgesprochen und begründet werden: »Ich bin verärgert, weil du mir nicht zuhörst.« — »Ich fühle mich von Ihnen falsch beurteilt. Sie haben mir gestern zum Vorwurf gemacht ...« — »Ich habe Angst, dir meine Wünsche zu sagen. Du könntest mir weh tun, wenn du dann lachst oder meine Worte mit ironischen Bemerkungen abtust.« — »Ich bin sauer über dein allabendliches Fernsehen. Könnten wir nicht einmal etwas anderes tun? Ich wünsche mir so oft mal einen Besuch im Theater oder einen gemütlichen Abend in einem Restaurant.«

Wer als Kind schon erlebt, daß seine emotionalen Bedürfnisse, beispielsweise sein Wunsch nach Liebkosungen oder nach Lob, nur spärlich erfüllt oder gar abgelehnt werden, wird als Erwachsener Ängste davor haben und gleichzeitig eine Haßliebe gegen seinen Nächsten entwickeln. Eine ohnmächtige Wut jedoch wartet darauf, ausgelebt zu werden. Unterdrückung gestattet keine Auseinandersetzung mit seinen Emotionen. So kommt es später zur unbewußten Aggressions- und Kriegsbereitschaft.
Auf der anderen Seite entsteht eine Überempfindlichkeit im emotionalen Bereich, die aus Angst vor Ablehnungen hinter einem Panzer gespielter Sachlichkeit versteckt wird. Hinzu kommt eine Überbesorgtheit und Überbehütung mit dem Ziel, sich so Zuwendung zu verschaffen und das Defizit an Liebe halbwegs zu füllen. Solches Gehabe hat den Anstrich von demütiger Hingabe, ist aber der verzweifelte Versuch, seine Selbstablehnung durch die erworbene Zuwendung zu kompensieren.
Eine alleinstehende Mutter, die ein unerwünschtes Kind aufzieht, bemüht sich, ihre unerkannten Schuld- und Haßgefühle dadurch zu überdecken, daß sie dieses Kind verwöhnt und auf seine sich darauf einstellenden erpresserischen Verhaltensformen eingeht. Sie beschwert sich ständig über das freche Verhalten des Kindes und macht es auch vor Gästen ständig schlecht; damit erreicht sie weitere rachsüchtige Aktionen des Jungen. Inzwischen traut sie sich nicht mehr, entsprechende Maßnahmen einzuleiten aus Angst vor schlimmeren Konsequenzen. Nachbarn und Freunde raten ihr, den Buben ordentlich zu verprügeln. Sie sehen in der Mutter das Opfer eines gewalttätigen Kindes, nicht wissend, daß jene Gewalttätigkeit Folge der maßlosen Verwöhnung, und die Verwöhnung Folge der mütterlichen Schuldgefühle ist. Mutter und Kind sind nicht imstande, ihre wahren Bedürfnisse nach Liebe und Zärtlichkeit zu verbalisieren. Daraus folgt ein Gefühlsstau, der zu plötzlicher Entladung führen kann, oder eine Gefühlsverdrän-

gung, die Depression und Antriebslosigkeit nach sich zieht.
Empfindungen, vor allem aggressive, und Wünsche nach Selbstbestätigung sind wesentliche Bestandteile unseres Lebens. Wer sie nicht aufkommen läßt, ist nicht zur echten Selbstbeherrschung fähig. Dazu gehört ein Minimum an elterlicher Liebe und Bedürfnisbefriedigung. Fehlt dies, wird der Mensch in einem ungeheuren Nachholbedarf Verbotenes exzessiv auskosten, oder er wird verkümmern wie eine Pflanze ohne Sonne und Wasser.
Wenn Schüler sich nicht gegen Ungerechtigkeiten durch den Lehrer wehren, einfach weil sie Angst vor weiteren Sanktionen haben, ist das zwar verständlich, doch falsch. Das verbissene So-tun-als-ob macht jede Klärung unmöglich. Wir müssen alle lernen, auch den Unannehmlichkeiten ins Auge zu schauen und den Mut aufzubringen, uns zu stellen. Andernfalls verwenden wir mehr Energie zur Abwehr unserer negativen Gefühle als zum Aufbau positiver Beziehungen.
Wer Gefühle versteckt, läuft Gefahr, sie hintenherum in entsprechenden Langzeitreaktionen hochkommen zu lassen. So mag zum Beispiel ein Jugendlicher seinen Ärger über seine Eltern durch schlechte Schulleistungen ausdrükken. Er protestiert durch Leistungsverweigerung. Seine schlechten Noten verärgern die Eltern, die natürlich wieder schimpfen, weil sie den Zusammenhang nicht erkennen.
Oder eine Angestellte kommt regelmäßig zu spät in ihr Büro. Sie will damit zu verstehen geben, daß sie sauer ist über das unfreundliche Betriebsklima und darüber, daß sie ihre Gefühle nicht zeigen darf.
Als endlich eine Frau auf mein Anraten hin ihren angestauten Ärger bei ihrem Mann ablud, war er bereit, auf die Kritik und Wünsche seiner Frau einzugehen: »Warum hast du das nicht früher gesagt? Wie kann ich denn wissen, was dich bedrückt, wenn du nichts sagst!« Offenbar vermochte er die verschlüsselten Aggressionen seiner Frau nicht zu

deuten; sie schien in vielen Dingen gleichgültig und überließ ihm alle Entscheidungen.
Entschlossenes Handeln und Festigkeit in der Erreichung eines Ziels ruft bei vielen Sensiblen Schuldgefühle wach. Sie empfinden ein solches konsequentes Vorgehen als zu hart, zu egoistisch oder sonstwie un-artig.
Im Hinblick auf die biblischen Hinweise, daß die Sanftmütigen selig sind, verwehren sie sich legitime Rechte zur Selbstverteidigung oder Durchsetzung ihrer Wünsche. Näher betrachtet mag hierbei die Angst vor der sozialen Ablehnung größer sein als der Eifer nach Selbstentscheidung. Und so schlucken sie um des lieben Friedens willen Enttäuschung, Ärger, Angst herunter, bis ihr Körper funktionale Störungen zeigt, die sie dann bei der falschen Adresse, nämlich beim Neurologen, zur Behandlung bringen.
Ihr Mißverständnis liegt darin, daß sie glauben, ihre Mitmenschen würden sie nur lieben, wenn sie schön »brav« seien und so lebten, wie die Umwelt es von ihnen erwartet. Eine Portion Selbstmitleid über diese Ungerechtigkeit gibt dann der Problematik noch die entscheidende, heilungsblockierende Würze.
Die einen halten solches Verhalten für Rücksicht, andere für Taktik, wieder andere für Verklemmtheit. Alles mag zutreffen. Auf jeden Fall aber kann bei einer derartigen Selbstablehnung auch das Wirken Gottes blockiert werden. Gott gab jedem von uns das Recht, ein anderer sein zu dürfen als die anderen, ein Original, nicht eine Kopie oder ein Verschnitt gesellschaftlicher Erwartungen.
Dieses katastrophale Mißverständnis hat Kurt Marti in seinem Gedicht »Eine Leichenrede« deutlich karikiert:

> Als sie mit zwanzig
> ein Kind erwartete,
> wurde ihr Heirat befohlen.

Als sie geheiratet hatte,
wurde ihr Verzicht
auf alle Studienpläne befohlen.

Als sie mit dreißig
noch Unternehmungslust zeigte,
wurde ihr Dienst im Hause befohlen.

Als sie mit vierzig
noch einmal zu leben versuchte,
wurde ihr Anstand und Tugend befohlen.

Als sie mit fünfzig
verbraucht und enttäuscht war,
zog ihr Mann zu einer jüngeren Frau.

Liebe Gemeinde,
wir befehlen zuviel,
wir gehorchen zuviel,
wir leben zuwenig.

III. Mit der Demut verwandte Tugenden

Wir haben festgestellt, daß die Demut eine Reihe von Tugenden umfaßt, wie Gelassenheit, Humor, positives Denken, Selbstannahme, Verzichtfähigkeit, praktische Nächstenliebe, Hingabe an Gott. Sie alle gehören zur Begriffsbestimmung der oft so mißverstandenen und einseitig verkürzten Tugend der Demut.

Darüber hinaus finden sich noch weitere Verwandte der Demut, die ich im folgenden kurz darlegen möchte.

Man muß schon genau hinsehen, um diese Tugenden unter den Menschen zu finden; sie sind keine auffälligen Symptome der Masse, sondern stille Erkennungsmerkmale Einzelner. Ich habe eine Reihe von Freunden, die mir Vorbild sind in dieser oder jener Eigenschaft, die bei mir selbst noch zu schwach ausgebildet ist.

Gewiß gibt es weit mehr Tugenden, als ich hier aufzählen kann. Die folgenden Gedanken erheben auch nicht den Anspruch der Vollständigkeit und Ausführlichkeit. Wer mehr erfahren will, sollte sich in das Büchlein von Heinrich Klomps vertiefen: »Tugenden des modernen Menschen« oder bei Josef Bommer nachlesen: »Einübung ins Christliche«.

Beharrlichkeit

Viele meiner Patienten zeigen Ungeduld, wenn es um den Fortschritt ihrer Therapie geht. Sie werfen Gott vor, er lasse sie zu lange zappeln. Dadurch sind sie aufgefordert, sich selber immer wieder anzunehmen mit all ihren Schatten und Grenzerfahrungen, also langsam zu reifen. Diese Ausdauer ist notwendig für ihre seelische Heilung.

Gott hat unendliche Geduld mit uns; für ihn ist auch die Umkehr um fünf vor zwölf noch zeitig genug, also wenn der Mensch sich erst im Angesicht des Todes für Gott entscheidet. Die Demut ist wesentlich mit dieser Geduld verknüpft; sie kann sich nach außen hin als passives Abwarten darstellen, ist jedoch tatsächlich ein Ausdruck von Tapferkeit: Nicht ohnmächtiges Erleiden kommender Widerwärtigkeiten, sondern Behalten von Heiterkeit angesichts erlebter Verwundungen.

Eine Dame zeigt inmitten ihrer körperlicher Leiden eine bewundernswerte Beharrlichkeit im Gebet und in der gläubigen Erwartung einer Besserung. Ihrem Gott ausgeliefert, hat sie die Kraft, Traurigkeit und Zorn auszuschließen. Darin lebt sie die Tugend der Demut.

Andere, vor allem junge Menschen, tun sich manchmal schwer, Begonnenes durchzuziehen und zu Ende zu führen. Am Anfang reizt alles Neue; doch die Geduld beweist sich erst im Durchhalten. Hier zeigt sich die Reife eines Menschen: Zieht er etwas Neues auf, um es dann liegenzulassen und den anderen die beschwerliche Sorge um den Fortbestand zu überlassen? Oder zwingt er sich jene Zähigkeit ab, die den einmal begonnenen Dienst allen Widerständen zum Trotz zu vollenden vermag?

Wer vieles zugleich erreichen will, läuft Gefahr, steckenzubleiben. »Wer einen weiten Weg zu gehen hat, soll nicht laufen«, sagt ein japanisches Sprichwort. Im Vertrauen auf den Sieg muß einiges erduldet und erbeten sein. »Ich habe den guten Kampf gekämpft, den Lauf vollendet, den Glauben bewahrt«, schreibt Paulus im zweiten Brief an Timotheus (4,7).

Für den Christen ist die Geduld das lebenslängliche Festhalten am Guten. Er dient seinem Gott mit dem beharrlichen Mut dessen, der um den guten Ausgang der Dinge weiß. Er kämpft ständig gegen den inneren Feind der Ermüdung und Resignation. »Wer aber ausharrt bis zum Ende, wird gerettet werden«, (Mk. 13,13). Dieses Ausharren ist ein aktives Tun, kein müßiges Herumlungern im Wartesaal des ewigen Lebens.

Der Christ arbeitet an seinem Seelenheil. Da lohnt es sich, Geduld zu üben, auch denen gegenüber, die vom rechten Weg abgekommen sind und um deren Umkehr wir beten. Solche Gebete werden gewiß erhört, wenn auch bisweilen erst nach dem Tod des Beters. Für Gott gelten andere Zeitbegriffe. Allzuoft geben wir ein Anliegen auf, wenn sich nichts tut oder unsere Geduld arg geprüft wird. Doch »alles hat seine Stunde, und eine Zeit ist bestimmt für jedes Vorhaben unter dem Himmel: Eine Zeit fürs Geborenwerden und eine Zeit fürs Sterben; eine Zeit fürs Pflanzen, und eine Zeit, das Gepflanzte auszureißen; eine Zeit zu töten, und eine, zu heilen; eine Zeit einzureißen, und eine Zeit, aufzubauen; eine Zeit zu weinen, und eine Zeit zu lachen; eine Zeit zu klagen, und eine Zeit, zu tanzen; eine Zeit zu suchen, und eine Zeit zu verlieren; eine Zeit aufzubewahren und eine Zeit, wegzuwerfen.« (Prediger 3,1-6)

Nicht jedes höflich gesprochene »Danke« muß mit Dankbarkeit zu tun haben. Und schon gar nicht mit Demut. Umgekehrt aber lebt der demütige Mensch ein dankbares Leben Gott gegenüber, da er um die von Gott geschenkten Gaben weiß.
Dankbarkeit ist stets da zu finden, wo ungeschuldetes Geben, wo keine einklagbare Forderung vorliegt. Gott schuldet uns nichts; wir schulden ihm alles. Dennoch fordert er keine Dankbarkeit von uns, jedenfalls nicht ausdrücklich. Er verlangt Demut und schließt damit die dankbare Haltung seiner Geschöpfe ein.
Die Dankbarkeit ist durch den wirtschaftlichen Wohlstand der Menschen zurückgegangen. Pflichtversicherungen, Sozialabgaben, ein dichtes Netz der Fürsorgeverpflichtungen haben viele freiwilligen Gaben überflüssig gemacht, mindestens eingeschränkt. Kleine Kinder und arme Leute sind noch der spontanen, ehrlichen Dankbarkeit fähig. Dazu bedarf es keiner großen, teuren Geschenke.
Manche Erwachsene erhoffen sich von ihren Kindern Dankbarkeit und sind zutiefst enttäuscht, wenn sie ausbleibt. »Was haben wir alles für euch getan?! Und ihr seid so undankbar!« Wir sollten uns fragen, wie es mit unserer Dankbarkeit Gott gegenüber bestellt ist. Sind wir ihm gegenüber anders als die älter gewordenen Kinder gegen uns? Einmal zeigte Jesus seine Enttäuschung, als von zehn geheilten Aussätzigen nur einer zurückkam, um sich zu bedanken. (Lk. 17, 11-19)
Wir bitten Gott täglich um viele Dinge. Tun wir es mit einem Gefühl von Dankbarkeit? »Bringt allzeit eure Bitten mit Dank vor Gott«, sagt Paulus (Phil. 4, 6). Er dankte sogar für die Schmerzen und Verfolgungen, die er um seines Glaubens willen erleiden mußte. Eine solche Haltung zeugt von hoher Reife und von einem tiefen Wissen um die Liebe Gottes im Leid.

Ich war einmal zu Gast bei den Eltern eines meiner Schüler. Zu Beginn des Abendessens spürte ich die Verlegenheit meines Schülers angesichts der Frage, ob er nun ein Tischgebet sprechen sollte oder nicht. Offenbar war diese Praxis in der Familie nicht üblich, schien aber nun in den Augen dieses Jungen gefordert, da ich doch immerhin sein Religionslehrer war. Als er mit dem Kreuzzeichen begann, unterbrach ihn sein Vater: »Wozu betest du denn jetzt? Wir haben doch alles!« Die peinliche Stille, die nun folgte und die von der Mutter mit einem unverständlichen Gemurmel gefüllt wurde, nutzte ich, indem ich sagte: »Weil wir alles haben.«

Es liegt auf der Hand, daß fehlende Dankbarkeit Gott gegenüber auch die Demut erstickt. Wer Gottes Gebote achtet, beweist Dank. Es geht also nicht allein um ein gesprochenes Wort oder um ein momentanes Gefühl, sondern um die Verwirklichung der Liebe. »Nicht jeder, der zu mir sagt ›Herr, Herr‹ wird in das Himmelreich kommen, sondern wer den Willen meines Vaters tut.« (Mt. 7,21)

Duldsamkeit

Gemeint ist die Fähigkeit, etwas zu tragen und zu ertragen. Wir sind alle aufgefordert, den Nächsten als den gelten zu lassen, der er ist, und ihn nicht so haben zu wollen, wie wir sind. Das ist Toleranz.

Eltern erziehen ihre Kinder manchmal nach dem Grundsatz: Wir lieben euch so, wie ihr nach unseren Vorstellungen werden sollt. In jedem von uns liegt der Wunsch, unsere Mitmenschen, besonders diejenigen, die uns nahestehen, nach unserem Bild formen zu wollen. Wir glauben an eine Sache, sind von einer Wahrheit überzeugt, und sehen es gern, daß der andere ebenfalls diese Wahrheit annimmt. Diese Haltung rührt von der tiefliegenden Angst, wir könnten einsame Wächter unserer Meinung sein und müßten sie vor Angriffen verteidigen. Je intoleranter wir unsere Meinung aufdrängen, desto größer muß wohl diese Angst sein.

Ich sprach eben bereits von der Zeit, die alle Dinge haben. Auch hierin hat alles seine Stunde: Wir müssen vieles der Gnade Gottes anheimstellen, vor allem, wenn es um die Vermittlung religiöser Wahrheiten geht. Vielen fällt es schwer, in diesem Punkt Geduld und Vertrauen zu bewahren. Manchmal kommt es mir vor, als ob jemand seinen Mitmenschen nur deshalb zum Umdenken bewegen möchte, weil er diesen Erfolg auf sein eigenes Konto verbuchen möchte.

Toleranz kann sich aber auch negativ darstellen, indem einer schweigend zusieht, wie ein anderer in sein Unglück rennt. Einen Menschen in Ruhe lassen oder ihn seiner Fehlentwicklung wortlos überlassen, sind zwei verschiedene Haltungen. Passives Zusehen, wo aktives Handeln erforderlich ist, hat nichts mit der Tugend der Duldsamkeit zu tun.

Demütig ist einer erst dann, wenn er die Meinung des Nächsten respektiert; auch wenn diese Meinung schmerzt. Wenn der andere im Irrtum lebt und diesen Irrtum nicht einsieht, bleibt mir nur noch das Gebet und das Ertragen dieser leidvollen Situation, ohne die personale Würde des Mitmenschen anzugreifen. Der Verzicht auf Druck, Drohung, Liebesentzug ist ein Dienst an der Wahrheit und zeugt von Dien-Mut durch Duldsamkeit.

Wer die Wahrheit in intoleranter Weise verbreiten will, macht sie zur Lüge. Oder anders: Wahrheit ohne Liebe ist Lüge.

Jesus hat niemals Unduldsamkeit geübt, außer dem Bösen gegenüber. Eine Mutter, die ihre verirrte Tochter erfolglos aus dem Milieu der Prostitution herausbringen will, sollte sie nicht von sich weisen, sondern in der Hoffnung auf die Stunde der Umkehr deren Lebensweise erdulden. Damit ist nicht gesagt, daß sie diese Lebensform akzeptiert. Sie lehnt

das Verhalten der Tochter ab, nicht aber die Tochter selbst.
Gewaltsames Missionieren und Bekehrenwollen gleicht dem Moralisieren, das die Gnade Gottes ausschließt. Als ob der Erfolg nur von meinen Bemühungen abhinge!
Es ist zweifellos schwer, unangenehme oder falsche Denk- und Lebensweisen anderer ertragen zu sollen. »Ertraget einander und verzeiht einander, wenn einer gegen den anderen eine Beschwerde hat!« (Kol. 3,13) Manchmal sind wir deshalb so unduldsam, weil wir die unangenehme Empfindung persönlicher Ohnmacht aus dem Weg räumen wollen, weniger aus Wahrheitsliebe. Deshalb fordert Duldsamkeit auch den Verzicht auf Harmonie um jeden Preis, etwa Ärger und Unmut um eines fragwürdigen Friedens willen zu schlucken.
Jesus mied die Auseinandersetzungen nicht; er paßte sich nicht an, sondern kämpfte gegen Lüge, Irrtum, Sünde, jedoch in Liebe, Geduld und Toleranz gegenüber den Betroffenen. Er pflegte den Umgang mit den gesellschaftlich Verachteten. Deshalb sollen auch wir den Mut haben, Andersdenkende fair zu behandeln auf die Gefahr hin, von der Gesellschaft in den Schatten derer gerückt zu werden, denen gegenüber wir Duldsamkeit zeigen. Hier setzt die Demut wieder ein, die nicht auf die gute Wirkung vor den Menschen, sondern vor Gott achtet. Ich erdulde die Schmach aus Liebe zum Nächsten und letztlich aus Liebe zu Gott.
Nun gibt es auch die sogenannte Teiltoleranz, die darin besteht, daß jemand fremden Lebensphilosophien und Ideologien gegenüber sehr tolerant sein kann, nicht aber gegenüber dem lärmenden Staubsauger seines Untermieters. Menschen, die viel erlitten und viel von der Welt gesehen haben, sind eher geneigt, Duldsamkeit zu üben, Großherzigkeit walten zu lassen. Ihr Bewertungsmaßstab ist weitherziger geworden. Ebenso wird derjenige mehr Toleranz üben, der seine eigenen Schatten kennt und dazu steht. Er wird nicht seine Mitmenschen umformen wollen, anders

haben wollen als sie sind. Dazu hat der Begründer der Gestalttherapie, Fritz Perls, eine treffende Aussage gemacht, die ich um einen Satz erweitert zitiere: Ich gehe meinen Weg, und du gehst deinen Weg. Ich lebe nicht in dieser Welt, um deinen Erwartungen zu entsprechen, und du lebst nicht in dieser Welt, um meinen Erwartungen zu entsprechen; wir leben hier, um den Willen Gottes zu erfüllen. Ich bin ich, und du bist du. Und wenn wir uns begegnen sollten — dann ist es wunderschön.

Freude

Meine bisherigen Erfahrungen nötigen mich zu der Feststellung, daß ich wirkliche, tiefe und anhaltende Freude vornehmlich bei Christen vorfinde, die eine lebendige, ganz persönliche Freundschaft mit Gott pflegen. Es ist wahr: Allein Gott vermag ein Herz mit jener befreienden Freude zu füllen, die keinerlei materielle, ideologische oder anderweitige Bindung zu ihrem Glück braucht.

Diese Freude ist nicht ein ständiges Halleluja-Gefühl; sie ist nicht frei von Trauer, Schmerz und Not. Sie erlebt Zeiten der Abwesenheit. Aber auch in solchen Zeiten bewahrt das Herz den Mut zum Leben, weil es um die Vergänglichkeit der Trauer weiß.

Wenn jemand sein Herz ausschließlich oder überwiegend an Objekte oder Personen hängt, an sein Haus, sein Auto, seine Karriere, an seinen Partner, seine Briefmarkensammlung usw., betreibt er Götzendienst und macht sich abhängig. Er verliert den Lebenssinn, sobald diese Götzen verloren gehen.

Gott ist unvergänglich. Der Glaube an die Auferstehung Jesu, an unsere eigene Auferstehung und Himmelfahrt kann nur in dem Freude wecken, der solches aus seinem Kopf in sein Herz einläßt und sich davon tragen läßt.

Manchmal spüren wir alle für Momente »himmlische« Gefühle, z. B. in einer intensiven Verliebtheit oder bei hart erkämpften Erfolgen. Verspüren wir auch Mitfreude beim Erfolg unserer Mitmenschen? Oder nagt da bisweilen Mißgunst, Neid, Verbitterung über das eigene fehlende Glück? Mitleid und Mitfreude sind Zwillinge.
Ich kenne Menschen, die vom Schicksal schwer gezeichnet sind, die Grund genug haben, mit Gott zu hadern; dennoch gelingt es ihnen, sich an der Freude anderer mitzufreuen. Sie haben es sich zum Hobby gemacht, ihren Mitmenschen Freude zu bereiten, die wie ein Bumerang auf sie selber wieder zurückfällt.
Diese Tugend der Mitfreude spricht Paulus in 1 Kor. 12, 26 an: »Wenn ein Glied geehrt wird, so freuen sich alle Glieder mit!« Im allgemeinen ist das Mitleiden eher geläufig (griech.: Sympathie). Es ist wertvoll, wenn es aus Liebe zum Nächsten geschieht, nicht aus Selbstmitleid über das vom Unglück des anderen getrübte eigene Glück.
So hat der Unglückliche, der an der Freude anderer teilnimmt, nicht weniger Liebe als der Glückliche, der am Leiden anderer Anteil nimmt. Hier muß auch einmal der Begriff der Schadenfreude erwähnt werden. Gibt es wirklich eine Freude am Schaden anderer? Ist es nicht vielmehr Mißgunst oder das Gefühl des Zukurzgekommenseins? Ist es nicht oft auch Rachlust und Verbitterung aus einer erfahrenen seelischen Verletzung heraus?
Wirklich froh kann nur der sein, der frei ist von Neid, Eifersucht, Vergeltungssucht; wer loslassen und sich gänzlich Gott ausliefern kann, benötigt auch keine Ersatzbefriedigungen: Talismane, Glücksbringer, Glücksspiele, Okkultismus, Ersatzbefriedigung im sogenannten Freudenhaus (man beachte die Lüge, die in diesem Wort steckt), Anhäufung materiellen Besitzes u. a. Wer sich auf das Wesentliche im Leben besinnt, kann sich auf das Kleine freuen; seine Ansprüche bleiben bescheiden; er lebt in innerer Freiheit und Freude über das, was Gott ihm zukommen läßt.

»Großes hat Gott an uns getan, wie wurden wir fröhlich! Wandle, Gott, unser Geschick, wie du wandelst die Bäche im Südland. Die in Tränen säen, sie werden ernten in Freude. Weinend gehen sie dahin, sie gehen und streuen den Samen. Doch kommen sie wieder in Jauchzen, sie kommen und bringen ein ihre Garben.« (Ps. 126, 3-6)

Friedfertigkeit

Friedfertigkeit hat wesentlich mit Verzicht zu tun: Verzicht auf Rechthabenwollen, auf materielle oder ideelle Vorteile, auf wirkliche oder vermeintliche Ansprüche. Der Friedfertige ist aber nicht verpflichtet, ständig Verzicht zu üben bis an die Grenze der Selbstpreisgabe; es gibt auch einen unerlaubten Verzicht: den auf Wahrheit, Gerechtigkeit, Ehre, Glaubensüberzeugung.
Vielfach ist ein Kompromiß anzustreben, d. h. beide Parteien nähern sich, geben ein Stück ihrer Ansprüche auf, stellen eigene Meinungen und Interessen in Frage. Das Gewissen ist in allen Entscheidungen die oberste Instanz.
Die so vieldeutige und mißverstandene Aufforderung Jesu, seine andere Wange hinzuhalten, wenn jemand schon auf die eine geschlagen hat (vgl. Mt. 5,39), meint: Verhalte dich friedlich, wenn du angegriffen wirst: Bleibe ruhig und reize den anderen nicht noch mehr durch impulsive Gegengewalt, die eine Steigerung gegenseitiger Angriffe zur Folge hätte. Du kannst nicht Frieden schaffen durch Krieg, nicht »Teufel durch Beelzebub austreiben«. Jesus selbst reagierte auf den Backenstreich durch einen Knecht des Pilatus mit den Worten: »Warum schlägst du mich? Habe ich Unrecht getan, so beweise es mir. Habe ich kein Unrecht getan, warum schlägst du mich?« (Joh. 18,23) »Du kannst nur haben, was du loszulassen bereit bist«, ist eine asiatische Weisheit, die jedes gewaltsame Festhalten verurteilt und jenen geheimnisvollen Zusammenhang zwischen Ver-

zicht und Geschenk lehrt, den wir kaum begreifen. Natürlich ist keiner verpflichtet, sein Land oder seinen rechtmäßig erworbenen Besitz einfach »loszulassen« und ihn an den Gegner abzutreten in der Hoffnung, diese Friedfertigkeit brächte ihm sein Hab und Gut doch noch hintenherum wieder zurück. Die ausgebeuteten Kleinbauern in Südamerika kämpfen mit Waffengewalt um ihre Habseligkeiten; sie sehen keine andere Möglichkeit mehr zum Überleben. Hier handelt es sich nicht einfach um Kriegslüsternheit, um »Rechthaberei« oder um imperialistische Bereicherung. Ihr Motiv ist die Notwehr ums nackte Überleben. Sie sind sogar als Kämpfende friedfertig, weil sie ihr notwendiges Land zurückerobern wollen und sonst nichts.
Ich darf nicht unter dem Deckmantel der Friedfertigkeit jede unrechtmäßige Handlung passiv über mich ergehen lassen. Das hat Jesus zwar selber gelebt, nicht aber von den Menschen in dieser Absolutheit gefordert. Seine aggressive Reaktion auf die Entweihung des Tempels durch Geldwechsler und Taubenverkäufer weist auch auf die rechtmäßige Entladung eines heiligen Zorns hin.
Friedfertigkeit muß im kleinen alltäglichen Raum beginnen: Ich lasse es z. B. zu, daß ein anderer dummes Zeug über mich redet. Statt Haßtiraden zu schüren, versuche ich, in einem ruhigen Gespräch seine Motive zu ergründen und ihn in seinen versteckten Frustrationen zu verstehen. Meine Sachlichkeit ermöglicht es dem anderen, sich mit mir auseinanderzusetzen, um sich dann vielleicht mit mir zusammenzusetzen.
Oder ich verzichte auf das Recht einer Klage gegen einen Mitmenschen, der mich wiederholt mit nächtlicher Ruhestörung geärgert hat. Seine vorgebrachte Entschuldigung lasse ich gelten, auch wenn mein Unmut noch nicht abgebaut ist.
Friedfertigkeit ist eine Haltung der Demut; denn sie unterstellt dem anderen zunächst einmal nicht Boshaftigkeit, sondern Probleme, mit denen er nicht fertig wird: Ehepro-

bleme, Mißerfolge, erfahrenes Unrecht, Krankheit. Wie oft handeln wir aggressiv aus den gleichen Gründen?!
Wer stets auf andere herabschaut, sie »fertigmachen« will, verrät Potenzgebaren. »Dem habe ich es aber gezeigt.« Solche Worte entlarven das schwache Selbstwertgefühl des Besserwissers, seine Angst vor einer Niederlage. Stets auf der Lauer liegend, verteilt er seine Schläge jedem, der ihm irgendwie »dumm« kommt. Er ist nicht zu friedfertigem Denken und Handeln bereit. Doch: »Selig sind die Friedfertigen, denn sie werden Gottes Kinder heißen!« (Mt. 5,9).

Mut zu Fehlern

Wer nicht Nein sagen kann, wer anderen den Schmerz einer abgeschlagenen Bitte nicht zumuten kann »um des lieben Friedens willen«, der keiner ist, neigt zu depressiven Reaktionen und wird sich schnell schuldig fühlen, wenn er dennoch Nein sagt. Solch ein Mensch funktioniert im Sinn des Erziehers: Er ist angepaßt, brav, macht keine Probleme. Deshalb hat er auch ständig funktionale Schuldgefühle für den Fall einer verweigerten Anpassung. »Ins Grab bringst du mich... Mach nur so weiter... Warte, bis Vater kommt... Du kannst auch gar nichts... Undankbar bist du, was habe ich alles für dich getan...« und andere Bemerkungen machen das Kind unschuldig schuldig. Es wird als Erwachsener kaum noch eigene Bedürfnisse anmelden, eigene Gefühle artikulieren, sondern schlucken und leiden. Dieser Mensch trachtet danach, es allen recht machen zu wollen, ohne es zu können. Der stets erlebte Frust, bei allen Bemühungen vergeblich um Zuwendung und Liebe zu kämpfen, macht krank. Sie lesen die Wünsche von den Augen anderer ab, versuchen tunlichst, jeden Unfrieden zu meiden, und nennen das Liebe. Doch diese Liebe befreit nicht, heilt nicht. Sie beruht auf dem unterschwelligen Empfinden, selbst nicht genügend liebenswert zu sein und

deshalb durch Leistung, Überfürsorge, Überanpassung und Erfolge jene Zuneigung verdienen zu müssen, die sie als Kind zu wenig erfahren haben.
Wirkliche Schuld liegt vor, wenn ich bewußt gegen die Liebe verstoße, und nicht, wenn ich aus Unwissenheit oder Notwendigkeit ein Gesetz außer acht lasse. Doch auch die unechte Schuld zieht Schuldgefühle nach sich. Gefühle aber können lügen. Auffallend viele depressive Menschen, darunter auch Perfektionisten und Moralisten, beichten lediglich Schuldgefühle, nicht wirkliche Schuld, und kommen so nie in den Genuß einer tatsächlichen Befreiung. Im extremen Fall sind sie skrupulös und wissen nicht mehr zu unterscheiden.
Ein junger Mann möchte für drei Jahre in die Entwicklungshilfe. Die Mutter reagiert mit den Worten: »Mein Gott, tu mir das nicht an! Was ist, wenn mir etwas passiert?« Prompt bekommt der Sohn, einziges Kind einer Witwe, Schuldgefühle. Soll und darf er jetzt gehen oder nicht? Da die Mutter nicht krank ist, gibt es keinen Grund, der inneren Stimme nicht zu folgen. Auch der 12jährige Jesus machte seinen Eltern Kummer, als er weglief und nach drei Tagen im Tempel gefunden wurde. Er gab zu verstehen, daß er jetzt mit Beginn der Pubertät zunehmend der inneren Stimme, der seines Vaters, gehorchen mußte. Wenn hier die Eltern nicht lernen loszulassen, erzeugen sie im Kind Ängste, Schuldgefühle und Aggressionen, die meist verdrängt werden.
Gott vergibt jede Schuld. Da genügt das kleinste Zeichen von Reue. Vergibt sich der Mensch auch selber? Das ständige Jammern über vergangene Sünden oder über Fehler ist mitunter zugleich ein Hinweis auf das mangelnde Vertrauen in Gottes Vergebungsbereitschaft. Es verhärtet auch die Körpergefäße, ja das ganze Denken. Und es kann durchaus sein, daß alle die Sünden dieses Menschen vergessen haben, nur er selber nicht. Vor Gott sind die größten Sünden des größten Sünders so groß wie ein Sandkorn, sagte der hl. Pfarrer von Ars. Viel schlimmer als ein Dieb-

stahl oder ein Ehebruch, der bereut wird, ist das permanente Mißtrauen Gott gegenüber. Dieses Mißtrauen hängt mit der Erfahrung zusammen, als Kind und junger Mensch für kleinste Fehler bestraft worden zu sein, und sei es nur durch ein langes beleidigtes Schweigen. Das Gespräch verweigern bedeutet Exkommunikation. Irgendwann einmal fühlt sich dann jeder schuldig, ohne unbedingt wirklich schuldig zu sein.

Der mutige, zuversichtliche Christ wagt sein Leben auch auf die Gefahr hin, Fehler zu machen oder gar in Schuld zu fallen. Wollte er nichts falsch machen, müßte er völlig passiv bleiben und allenfalls seinen Instinkten folgen. Aber dieses Verweigern des Lebens würde ihn schuldig machen, ähnlich jenem Knecht, der sein einziges Talent aus Angst vor Fehlern vergräbt und vom heimkehrenden Chef bestraft wird. Gott fordert uns auf, unser Leben zu gestalten und nicht so verbissen darauf zu achten, nur ja keinen Fehler zu machen. Das schafft keiner. Denn wer verbissen gegen etwas ankämpft, wird verlieren.

Jemand hat sich durchgerungen, der Überbehütung durch seine Mutter Grenzen zu setzen und sein eigenes Leben zu wagen. Das tut der Mutter weh. Sie hat es ja nur gut gemeint. Nun ist diese Abgrenzung des Kindes nicht schuldhaft, aber schmerzhaft. Wird die Mutter die Abnabelung gestatten? Oder wird sie jetzt dem Kind Vorwürfe machen und es in neuerliche Schuldgefühle bringen? Wer ein starkes Harmoniebedürfnis hat, wird kaum dagegen ankommen. Er hat gelernt, Eltern zu ehren und sich zu fügen. Doch liegt der Fehler hier bei den Eltern. Ihnen gilt der Satz des Apostels Paulus: »Ihr Väter, reizt eure Kinder nicht zum Zorn!« (Eph. 6,4).

Jesus selbst hat nicht jeden geheilt. Er entzog sich oft der Masse. Er verweigerte auch, auf gewisse Fragen zu antworten (Lk. 20,8). Er wurde einmal sogar handgreiflich und beschimpfte die Händler im Tempelvorhof (Mk. 11,15 ff.). Er war keineswegs so zart besaitet und konfliktscheu, wie manche meinen. Sein verbindliches Reden und Tun

hat viele verärgert; und dennoch lud er keine Schuld auf sich. Deshalb müssen auch wir lernen, uns nicht beliebig schuldig machen zu lassen von Leuten, denen unsere individuelle Lebens- und Denkart nicht paßt. Dazu gehören zweifellos ein stabiles Selbstbewußtsein, ein positives Selbstwertgefühl und viel Vertrauen in Gottes Führung.
Wer das nicht hat, dennoch sein eigenes Leben zu gestalten versucht und sich abgrenzt gegen manipulative Einmischungen, wird nicht schuldiger als derjenige, der es hat. Er wird aber wahrscheinlich häufiger gegen Schuldgefühle anzukämpfen haben. Gott allein weiß um seine Not und auch um die echte Schuld, die meist auf einer ganz anderen Ebene liegt.
Man erzählt sich, daß Gott alle Menschen an Fäden hält, um sie zu führen. Jedesmal wenn der Mensch sündigt, reißt der Faden. Doch Gott macht einen Knoten hinein und zieht so den Sünder ein Stück näher an sich.
Diese Geschichte soll uns nicht zum Sündigen aufrufen, sondern zum Vertrauen in Gottes Barmherzigkeit, wenn wir wieder einmal den Faden zerrissen haben. Gott ist kein kleinlicher Bürokrat, sondern ein schöpferischer Meister, der weiß, daß selbst die Gerechten siebenmal am Tag fallen. Und wer besonders gerecht sein will, fällt achtmal.

Diskretion

Eine Tugend, die nicht von sich reden macht, ist die Verschwiegenheit. Von der Gottesmutter wird einmal gesagt, daß sie »all dies in ihrem Herzen bewahrte«. Tatsächlich waren die Eltern Jesu diskrete Menschen. Klatsch und Geschwätzigkeit lagen ihnen nicht. Josef wollte seine Verlobte in aller Stille entlassen, als er von ihrer Schwangerschaft hörte, bis ihn ein Engel darüber aufklärte. Er hätte es nach damaligem Recht öffentlich machen können, tat dies aber nicht. So zeigte er eine Geste der Demut, indem er schwieg.

Viele Menschen sind mißtrauisch und wagen nicht, ihr Innerstes anderen Menschen zu öffnen, nicht einmal Freunden. Werden die anderen schweigen? Oder werden sie es preisgeben oder gar mit peinlichen Fragen weiter in das Geheimnis des innersten Wesens eindringen wollen?
Diskretion ist also beides: Anvertrautes für sich behalten und Zurückhaltung gegenüber der Privatsphäre anderer.
Welche Gründe gäbe es, Geheimnisse auszuplaudern, wenn nicht aus Schwatzsucht, Hochmut, Selbstsucht oder falschem Eifer für die Wahrheit? Die Kirche hat von jeher großen Wert auf das Beichtgeheimnis gelegt. Viele Priester gaben ihr Leben, weil sie nicht bereit waren, dieses Gelübde zu brechen. Ein solcher war der hl. Nepomuk, dessen Standbild an manchen Brücken zu sehen ist, weil er gefesselt in den Fluß geworfen wurde und ertrank.
Demütige Menschen sind immer auch diskret. Sie weisen auf diese Diskretion nicht hin, sie sind es einfach. Auch halten sie sich zurück im negativen Urteil über andere, erzählen es nicht unter vorgehaltener Hand weiter mit der Bitte, es nicht weiterzusagen.
Die Diskretion läßt nicht zu, in der Privatsphäre anderer zu schnüffeln, deren Briefe oder Tagebücher zu lesen, sich in intimste Beziehungen einzumischen, auch nicht unter dem Deckmantel, es nur gut zu meinen.
Als Priester und Psychotherapeut bin ich zu doppelter Verschwiegenheit verpflichtet - als Privatmann auch; das läßt sich nicht trennen. Wenn ich nun in meinen Büchern oder Vorträgen Fallbeispiele bringe mit Darlegung der Probleme anderer, dann verletze ich das Gebot der Diskretion nicht; denn die Fälle müssen so dargestellt werden, daß niemand die dahinterstehenden Personen erkennen kann. Deshalb werden alle Merkmale, die diese Person vielleicht verraten könnten, verändert, z.B. Geschlecht, Alter, Beruf oder andere biographische Daten.
Der einzige Grund, Geheimnisse aufzudecken, ist gegeben, wenn eine Gefahr für Menschen besteht oder wenn unnötiger Schaden verhindert werden kann. Die Preisga-

be eines geplanten Attentats ist weder Denunziation noch Indiskretion, sondern Gebot des Gewissens. Soll ein Schüler, der vom Lehrer gefragt wird, ob sein Nachbar abgeschrieben hat, den Mitschüler verraten? Eine solche Frage sollte nicht gestellt werden, weil sie den anderen in unnötige Gewissensqualen bringt. Was kostet die Wahrheit? Ist sie in jedem Fall aufzudecken bzw. mit allen Mitteln zu entlocken?

Einige empörte Mönche beschwerten sich beim Abt über das Benehmen eines Mitbruders. Sie sagten ihm: »Er muß bestraft werden. Wir können nicht weiter zusehen, wie du ihn gewähren läßt. Schließlich haben wir Augen im Kopf.« Der Abt antwortete: »Ja, und Augenlider!«

Diskretion ist eine schweigende und eine verbergende, manchmal entschuldigende Tugend. Sie ist nicht darauf aus, jedes Übel fanatisch auszurotten und den Täter bloßzustellen. Es kommt immer auch auf die Verhältnismäßigkeit an. Das hat Josef erkannt, der seine Verlobte schützen wollte, obgleich er sich hintergangen glaubte. Nicht auszudenken, was passiert wäre, wenn er voreilig und vorlaut, rechthaberisch und juristisch korrekt gehandelt hätte.

LITERATUR

Backus/Chapian Befreiende Wahrheit Hochheim 1983
Bommer, J. Einübung ins Christliche Freiburg 1970
Feldmeier, M. Zur Liebe berufen München 1982
Flach, F. Depression als Lebenschance Hamburg 1975
Grün, A. Demut und Gotteserfahrung München 2/1980
ders. Gut mit sich selbst umgehen Mainz 1995
Guardini, R. Tugenden Würzburg 1976
ders. Vom Sinn der Schwermut Zürich 1949
Klomps, H. Tugenden des mod. Menschen Regensburg 1976
Louf, A. Demut und Gehorsam Münsterschwarzach 1979
Müller, W. Gönne dich dir selbst Münsterschwarzach 1995
Ringel/Kirchmayr Religionsverlust durch rel. Erziehung Wien 1985
Sartory, G. Elisabeth von Thüringen Freiburg 1983
Sudbrack, J. Geistliche Führung Freiburg 1982
Tournier, P. Die Starken und die Schwachen Freiburg 1980
Trobisch, W. Liebe dich selbst Wuppertal 1984